鲁东大学“声速输入法”基金语言文字课题：“福斯特面面观”SSPY202142

高校英语课堂教学与英美文学教育的研究探索

毕晓直◎著

U0832611

经济管理出版社
ECONOMY & MANAGEMENT PUBLISHING HOUSE

图书在版编目（CIP）数据

高校英语课堂教学与英美文学教育的研究探索/毕晓直著．—北京：经济管理出版社，2023.9

ISBN 978-7-5096-9266-0

Ⅰ．①高…　Ⅱ．①毕…　Ⅲ．①英语—课堂教学—教学研究—高等学校 ②英国文学—教学研究 ③文学研究—美国—教学研究　Ⅳ．①H319.3 ②I561.06 ③I712.06

中国国家版本馆 CIP 数据核字(2023)第 179751 号

组稿编辑：张馨予
责任编辑：张馨予
责任印制：黄章平
责任校对：张晓燕

出版发行：经济管理出版社
（北京市海淀区北蜂窝 8 号中雅大厦 A 座 11 层　100038）
网　　址：www. E-mp. com. cn
电　　话：(010) 51915602
印　　刷：唐山玺诚印务有限公司
经　　销：新华书店
开　　本：720mm×1000mm/16
印　　张：13
字　　数：213 千字
版　　次：2023 年 10 月第 1 版　　2023 年 10 月第 1 次印刷
书　　号：ISBN 978-7-5096-9266-0
定　　价：98.00 元

·版权所有　翻印必究·
凡购本社图书，如有印装错误，由本社发行部负责调换。
联系地址：北京市海淀区北蜂窝 8 号中雅大厦 11 层
电话：(010) 68022974　　邮编：100038

前　言

21 世纪，英语已成为全球范围内最通用和重要的语言之一。无论在政治、商业还是学术领域，英语都作为交流工具和桥梁语言起着重要的作用。目前大多数互联网信息和通信都以英语为主，这使得英语成为上网和获取信息的必备技能。网络语言环境也为英语学习创造了条件，推动英语国际化进程。目前大多数高等教育机构采用英语授课或要求教师有一定的英语水平，许多国际会议和学术交流也以英语为主要语言，这使英语的重要性与日俱增。英语的广泛应用和重要作用决定了英语教学和学习面临新的机遇与挑战。全球英语学习模式和教学也需随之进行调整，以适应英语的这一新国际地位。在这种情况下，各国对英语人才的数量和能力要求都有所提高。因此，英语教学受到了我国教育界的重视，英语教学迎来了发展的黄金期。

在英语课堂教学方面，教师要上好每堂课，并且要追求教学实效。高效的课堂教学是一线外语教师需要关注的重要问题。让课堂回归教学的本质，才是确保学生提升英语综合能力的必要条件。那么教师如何设计合理的语言训练活动，如何营造语言活动氛围？这些都值得教师们去进行深入的研究和思索。

同时，英语教师还要重视英美文学方面的教学工作，它也是英语教学的重要组成部分。因为学习英美文学是学好英语的重要手段，也是理解欧美文化的重要途径。英美文学作品蕴含丰富的英语词汇和表达，可以大大丰富学习者的语言知识面，增强词汇理解和运用能力。英美文学作品展示地道的英语表达方式和格式，学习者可以体会不同体裁、不同题材作品的语言特征，习得英语的表达方式和艺术手法。文学作品具有强烈的艺术感染力，能够激发学习者更为浓厚的英语学习兴趣，特别是在阅读与写作领域。这种兴趣的驱动作用，可以推动学习者不断深入。

英语教师应从观念上重视英美文学教学工作，引导学习者进行阅读与研究。重视英美文学教学工作，有助于实现英语学习的高层次发展，达到语言与文化的相互促进，从而更好地进行英语教学工作。

本书共包含七章内容。第一章是英语课堂教学概述，主要包括英语课堂教学的特征、英语课堂教学的组织形式、英语课堂教学的发展趋势；第二章是英语课堂教学模式研究，内容包括教学模式概述、任务型教学模式、内容型教学模式、“输入—输出”教学模式、基于情境认知的教学模式；第三章是英语教学语言的表达艺术，主要包括英语教学语言艺术的特点与作用、英语教学语言艺术的种类与效用、英语教学语言艺术的要求和语用原则、英语教学的幽默艺术；第四章是英语课堂教学管理艺术，包括英语课堂教学管理的本质、英语课堂教学管理的意义与原则、英语课堂教学的提问艺术、英语课堂教学的启发艺术；第五章是英语课堂教学与现代网络技术的融合，包括现代网络技术与教育技术的发展、多媒体技术在英语课堂教学中的应用、网络环境下的英语课堂教学；第六章是英美文学课程研究性教学研究，内容包括英美文学课程研究性教学中的师生角色、英美文学课程研究性教学方法、英美文学课程研究性教学推进策略；第七章是英美文学教学理论与教学实践研究，包括多元智能理论与英美文学教学、建构主义与英美文学教学、信息化背景下的英美文学多模态教学、英美文学教学改革研究。

作者在写作过程中阅读和参考了相关领域的研究成果，在此向各位专家老师们表达诚挚的谢意！由于作者的个人水平和精力有限，虽然在写作过程中力求完善，但是仍有许多不足之处，敬请各位专家、读者指正。

作　者

2023 年 2 月

目　录

第一章　英语课堂教学概述

第一节　英语课堂教学的特征

课堂不仅是实施课程的重要场所，也是实现教育目标、实施教学计划、传播教学内容、开展课堂活动、完成教育过程中师生的互动和交流、评估教育效果、整合和使用教学资源、应用和传播现代教育方法的重要场所。实际上，课程计划是一种动态发展。在这种动态发展中，要实施课程计划，实现课程改革和创新，实现人才培养目标，提高教师的专业素质，从而达到提高教育整体水平的目的。

大学英语教育有三个基本要素，包括教师、学生和教材，还有一些隐形要素，包括教育目标、教育内容、教育方法和组织形式等，它们在实施教学计划、实现教育目标和提高教育水平方面发挥着重要作用。

一、大学英语课堂教学的基本特征

（一）交际性特征

语言是人类交流的重要工具，其交际性是语言的重要功能。英语是一种广泛使用的国际语言，在国际交往中发挥着重要的桥梁作用。英语教育的目标是培养学生为交际目的使用英语的能力。培养学生使用英语进行师生交流、生生交流，这也是有效的大学英语教学的一个重要特征。

大学英语课堂是学生和教师使用英语交流的重要场所，学生一旦离开了课堂，就失去了锻炼交际能力的绝佳机会。为了使大学英语教育具有交际性，英语教师需要在整堂课中都使用英语，包括课堂组织、讲授新课、课外作业布置等环节。这样才能在课堂上营造出语言氛围，为学生使用英语创造重要的语言环境。①

要使大学英语教学具有交际性，教师要尽可能多地使用英语，灵活地组织和设计一些交际性的课堂活动，给学生提供用英语交流的机会。例如，非正式的值日报告、背景知识汇报、复述课文大意以及就某一主题进行小组讨论等，这些都是实现这一目标的有效途径。除此以外，还可以开展各种课外英语活动，如英语沙龙、莎士比亚戏剧、英语绕口令、辩论、演讲比赛等，都可以有效锻炼学生对英语的掌握，增加语感，提高英语实际应用能力。

换句话说，有效的课堂教学，就是在课堂上注重培养学生的英语交际能力，并发挥第二课堂的辅助作用，这样可以区别于其他无效的、消极的、低效的大学英语教学。

（二）互动性特征

有效的大学英语课堂教学的交际特点决定了其互动性。大学英语教学的互动性表现在：教师和学生的主动性都得到了充分的发挥，教师和学生在相同的教育目标下同时行动，课堂活动具有明显的平等性和民主性，他们可以相互鼓励、相互补充、充分参与。大学英语教学的目的是通过至少两种方式培养学生使用英语进行交流的能力，主要通过教师和学习者之间的交流和对话。只有实现了这一点，才能为课堂互动奠定基础。然而，大学英语教学中的有效互动应拓展到课堂之外，既要有知识引导的交流，也要从学生关注的信息角度入手，增加师生互动的质量和亲和度，加深互相理解，从心理上拉近师生距离，以便更容易达到教学目的。只有充分参与教师和学生之间以及学生之间的多边互

---

① 邓婧．英语课堂教学与思维创新［M］．延吉：延边大学出版社，2017.

动，才能提高教学质量和教学效果。①

传统的大学英语教学被认为是教师向学生传授语言技能的过程，教师讲课占据了大部分课堂时间，教师和学生之间的交流是很有限的，互动性也不强。此外，英语教学的互动性被传统的教学模式、教学方法、学生学习方法和现行的考试制度大大削弱了。为了提升大学英语教学的质量，大学英语教师需要改变陈旧的教学方法，认识到课堂互动在英语教学过程中起到的重要作用。课堂互动是教师和学生共同参与的人际互动，它本身就是一种语言交流活动，是学生练习英语口语的绝佳机会。

除此以外，课堂互动的有效性也取决于教师的备课情况，包括广义的知识储备和狭义的课文讲解。教师既要准备授课内容，也要结合学生的实际水平和接受能力，有针对性地给学生提供他们想要接受和所能接受的内容。这样才能保证师生课堂互动是真实发生的，也能有效避免教师在课堂上讲得滔滔不绝，学生在下面听不懂或不愿听、不屑听的状态。要想做到这一点就必须深入了解学生的真实水平，还需要利用上文提到的拓展和学生交流的渠道，真正地从关心学生、热爱教学工作着手。

综上所述，一个有效的大学英语课堂应具备明确的学习目标、气氛活跃的课堂、互动积极的教与学。学生主动提问和参与讨论，教师采用积极的教学语言和行为，营造互动的课堂文化氛围。课堂内容要结构清晰，由浅入深，贯通前后的知识点。教师要充分强调和交代学习内容的重难点。课堂采用合作探究的学习活动，如小组讨论、角色扮演、问题解决等。采取合作探究的学习方式，提供有针对性的学习评价与作业，并进行持续的学习反馈与教学反思。这需要教师精心设计每一课时的学习目标与学习活动，不断调整与改进，促进教与学的有效实施。这种结果与过程兼顾的教学模式，可以最大限度地发挥大学英语课堂的作用，实现教与学的互动与提高。

（三）实践性特征

实践性是有效英语教学的一个基本特征。所有的英语课堂教学和学习都是

① 孔丽芳．大学英语课堂教学艺术与应用实践［M］．北京：九州出版社，2018.

围绕着学生的英语技能展开的，以实际应用为目的。语言作为交流和表达的工具，对母语为非英语的学习者来说，应用这项工具是最重要的功能。对中国人来说，学习英语与学习汉语是相似的，学习者都是通过实践来学习使用这门语言。只通过听和读的方式，而缺少说和写的方式来学习语言的话，将会是低效的，也不符合语言学习的规则。要想真正掌握英语，就要在学习英语的过程中练习听、说、读、写的能力。

在传统的英语课堂上，教师一直是课堂的主体，学生是听众，一般没有或者很少有实际的语言活动。这种教学形式忽略了课堂实践性的特点，成为一种类似于讲座的课堂：教师侃侃而谈，学生被动聆听，没有积极的反应和互动，只是被动地跟随教师指令。课堂教学是单向的，缺乏高质量的师生互动，学生没有机会锻炼自己的语言应用能力和思考、表达能力。

在课堂上，英语教师传授的东西大多是间接的经验，必须在实践中得到检验。没有实践，一切都只是空谈理论，不能解决实际问题。换句话说，学了很多英语单词和语法，但见到外国人时却结结巴巴，是“哑巴英语”的外在表现。大学英语教育不仅需要注重听和读的输入语言练习，还需要注重说和写的输出语言练习。只有通过输出语言练习，语言学习者才能正确评估和了解自己的语言水平和技能，改进自己的不足之处，在真实情景中不断提高自己的语言水平。

（四）文化性特征

跨文化交际在大学英语教学中占有重要地位。跨文化知识的发展是外语教学的重要组成部分，语言本身既是文化的一种手段，也是文化的重要表现。这就使大学阶段的有效英语教学有了强烈的文化特征。然而，由于理论认识的局限性，外语教学长期以来对在语言教学中引入文化成分缺乏认识、规划和系统性。大学英语课程除了它的语言技能作用，还有扩大学生的认知视野、增加其了解其他文化内容和特征的作用，是一扇向外观看、学习的“窗口”。教师应在教学中兼顾到介绍文化多样性的层面，确保学生学习的知识不闭塞、不狭隘。

传统的大学英语教学侧重于解释词汇和分析文章的语法结构。在教学内容的拓展和延伸上做的力度不够大，也缺少和现实生活联系的意识，使得教学比较教条和僵化，不能有效培养学生结合语境充分使用语言的能力，淡化了语言与文化的关联。

然而，大多数对语言和文化关系感兴趣的学者都认为，语言是文化的主要组成部分。此外，关于文化导入在外语教学中的必要性和重要性，我们也形成了一种共识，语言中承载着文化，文化则需要靠语言进行传播，二者交织在一起，通过学习者的有效输出达到文化交际的效果。所以，为了有效地开展大学英语课堂教育，必须把语言教育和文化教育结合起来，既要考虑到大学英语教育的现实，又要考虑到语言和文化关系的特点。

在课堂上，教师在教授语言或分析话语结构时，总是注意语言材料的文化背景，指出其文化含义和使用中的文化规则。例如，在描述词汇时，往往要特别注意具有文化内涵的词汇，传达特定的文化信息。此外，还可以设计课堂，创造特定的社会和文化环境，通过角色扮演提高文化意识。在课外活动方面，大学英语教师自身要了解更多的信息获取渠道，并引导学生通过互联网的快捷获取方式，多多接触英语文化，以便他们有意识地获得有关文化背景、社会风俗和传统人文的知识。①

大学英语教师还可以组织跨文化交际讲座，通过分享书目、播放相关视频、针对某个话题进行争论、查阅资料等多种多样的手段，增加学生向外探知的兴趣，让学生发现、喜欢学习、了解外语的特点。此外，如果可能的话，应开设跨文化交际的选修课，使学生能够提高理论意识和跨文化交际能力。这样，就可以加强大学英语教育的文化性，确保英语课不仅是教授语言技能和培训，而且也不会让学生丧失学习英语的动力。

（五）情感性特征

影响课堂教学效果的因素中，还有一个不可忽视的方面：情感性特征。如果学生的情绪是躁狂、反感、叛逆的，那么就没有教学效果可言。如果学生的情绪是高涨的、充满渴求和好奇心，那么课堂效果会事半功倍。英语课堂教学

① 李淼．大学英语课堂教学的理论与实践探索［M］．北京：光明日报出版社，2018.

也不例外，大学生也是经常被情绪主导的人群，他们的价值观正处于塑造当中，很容易被影响和干扰。教师应尽量关注他们的情感性特征，降低情绪对学生学习的负面影响，积极应对，以提高英语效果。

在过去的英语课堂上，课本知识是教学的中心，教师的主要授课目标是完成语言知识的讲解和语法、词汇的记忆和练习。教学目标没有考虑学生的学习效果，学生如何才能掌握知识、是否处于良好的学习情绪、如何调动学习热情等情绪管理方面的问题经常被忽略。外语教学中的技能训练包括听、说、读、写中的语言运用。理解和表达一篇文章必然涉及三种意图，包括字面意思、说话人或听话人的态度，以及说话人或听话人的情感成分。因此，为了提高大学英语教学在情感方面的有效性，大学英语教师必须首先树立以学生为中心的观点，将学生视为学习的主体，而不是被动的知识接收者。

另外，还要充分关注学生学习英语的情感、学习态度和学习动机，应该使用有效的激励性教学方法，利用皮格马利翁效应，鼓励他们学习英语的热情，正面地评估学生的进步。在课堂上，教师要营造宽松、和谐、民主的氛围，建立良好的师生关系也很重要。只有这样才能调动学生所有的情感成分，促进学生有效地学习英语，提高英语教学质量。①

二、大学英语课堂教学的一般特征

（一）以能力培养为特征

教育目标为教育活动的发展指明了方向，是教育活动的起始点和最终目标，影响着教育内容和方法的选择，并指导整个教育过程。随着时代的进步，基于考试的传统教育目标已不能满足当今社会和个人的需要。将教育目标重新纳入英语课程的教学要求，也反映了大学英语课堂教育目标多样化的趋势。

1. 语言综合运用的能力

与传统大学英语课的教育目标相比，这一阶段的教育目标既强调语言学习的内容，也强调语言学习的目标。就语言学习的内容而言，除了掌握书面的读

① 连良鹏．优化英语课堂教学探究［M］．长春：吉林人民出版社，2017.

写技能，还需要注重提高听力和口语的实际应用能力，这对学生未来的求职面试、工作水平都至关重要。就语言学习的目标而言，需要培养学生较强的通用英语能力，以便将来能有效地使用英语在社会上进行交流。培养强大的通用英语使用能力的必要性已被指出。目前各个大学的英语课程的设置和教材使用上，更多地运用有自身学校特色的听说课程，或者聘请外国教师来讲授听说课。

2. 自主学习能力

大学英语教学应促进学生的自学能力，这也是由各高校的教学特点所决定的。首先，大学教学与中学教学有很大不同，大学管理是宽松的，学生有更多的自由时间，学生可以自主地进行课外学习；其次，大学英语课的课时并不是很多，并且教育工作比较繁忙，学生也需要通过课下的学习来查漏补缺，温故知新；最后，大学的校内图书资料和网络资源丰富，这也为大学生进行自主学习创造了一定的条件。

3. 综合文化素养

大学英语教学任务也需要培养学生的综合文化素养。它不仅是指对语言及其所代表的文化背景知识的学习，还包括培养学生的意识形态，如民族认同感和全球视野等。掌握了综合文化能力的学生能坚持从国家利益出发的基本原则，从更宽广的国际视野来理解问题，并在社会和国际交流中表现出强大的沟通能力。现在，学校开设了英语选修课，使学生能够学习和了解中西方文化及其意识形态的不同和差异，拓宽学生的眼界。

（二）阅读优先原则

教育内容是教育活动的重要基础，而教材是教育内容的承载者，是教育内容的重要组成部分。迄今为止，中国的英语教材已经发展了四代。在传统英语教育中，教育内容以知识和技能为导向，以阅读和写作为主体，强调把学生培养成强大的应试者。随着社会的发展和时代的变化，对英语人才的要求也有了很大的变化，应试为中心的教学模式已得到较大的改变，这在第四代教科书中得到了直接体现。比如，在第四代教科书中，我们也能感受到“阅读优先”这一原则。

（三）以计算机网络和课堂为主的教学模式

现代信息技术的快速发展及其在教育领域的运用正在推动大学英语教育的改革。高校应利用现代信息技术的优势，推动基于计算机网络和教室的新型教学方法在大学英语教育中的应用，改进传统的教学模式。新的教学模式的引入，既体现了教育理念的更新和转变，也体现了教学方法和教学途径的改进和转变。

1. 现代化教学手段

现在，大多数大学已经采用了现代教学方法。也就是说，我们已经将多媒体辅助英语教学和互联网教学方法引入到大学英语教学中。多媒体辅助英语教学是当今大学中广泛使用的一种现代教学方法，它对提高教学知识、丰富教学内容、创设教学情境有促进的作用。

网络教育是目前大学中正在大力发展的一种现代教学手段，为英语教学提供了丰富的资源。无论是多媒体英语教育还是网络教育，都是基于现代信息技术而开发的教育工具，工具的便捷和信息量的丰富为学生提供了更多可利用的资源。如果应用得当，能有效促进学生的学习积极性，提高学习效果。

2. 课堂讲授法

《大学英语课程教育要求》表明，新的教学方法应充分利用现代信息技术，并且适当吸收传统教学方法的优点。课堂讲授法是一种传统的教学方法，是当前大学英语教育的重要教学法。课堂讲授法在大学英语教学中被大量使用，主要是受教学内容和课堂组织形式的影响。一方面，教学方法的选择是由课堂内容决定的。教师可以采用面对面的讲授方法，向学生传达大量的内容。另一方面，课堂组织形式决定了教学方法的选择。当然，在教学方法的改革过程中，讲授法需要根据教育的实际情况不断改进和更新，综合运用其他教学方法。①

（四）以终结性评价为主的教学评估方式

教学评估在大学英语教学中发挥着重要作用。对学生来说，它是监测学生

① 杨海娟．高校英语课堂教学改革与大学生交际能力培养［M］．长春：吉林出版集团股份有限公司，2019.

学习进度、检验学习成果、调整学习方法的手段；对教师来说，它是接受教学反馈、调整教学情况、改进教学方法的手段；对大学来说，它是监测教师和学生的教学状况，改进教学管理，促进学科建设，保证教育质量的重要手段。传统上，终结性评价是监测教育效果的唯一途径。随着教育改革的不断深入，在《大学英语教学课程要求》的指导下，教育评价的方法发生了很大的变化。

目前，大学英语课程教学评价以终结性评价为中心，但越来越多的教师进行了评价方式的优化尝试，增加了过程性评价的比重。多层次、多维度的评价体系正在不断完善。

终结性评估是在一个教育阶段结束时进行的总结性评价，大多以期末考试的形式为主。这种评估不再局限于测试对所学知识的掌握程度，还要评估听力、阅读、写作和翻译能力，以及对英语的一般使用。除此以外，由于学生的人数众多、教师和教材有限等客观因素，终结性评估成为更有效的教育评估手段。

1. 形成性评价和终结性评价的有机结合

大学英语教育的改革促进了新的教学模式的引入和实施，而形成性评价已经成为这个教育过程中必不可少的评价方法。形成性评价是学生综合能力的体现，如做 Presentation 的过程中展现出来的收集、整理信息的能力，在其他学生面前公开展示的质量，与其他学生的互动情况等过程中的综合表现。在此过程中，教师应积极进行及时反馈和指导监督，通过这种实时反应和改进，能促进教学真实、有效的开展。形成性评价和终结性评价的结合使英语教学评价更加客观、全面。

2. 教育评价模式的多样化

为了促进全面、客观、科学、准确的大学英语教育评价体系，必须使教育评价的形式多样化。教育评价的目的也是为了更好地达成教育目标。因此，大学英语教学评价也应努力实现评价主体、评估内容和评估形式的多元化，然后从不同方面和角度实现对教师和学生的客观评价。

第二节 英语课堂教学的组织形式

作为大多数学生的英语学习的最后阶段，大学英语教学除了要注重学生的英语学习成绩外，还对其终身英语学习的发展具有决定性意义。

这个阶段的英语教学对学生的学习有着重要的影响。近几年来，许多关于大学英语课堂教学的研究仅限于提出某些关于如何进行课堂教学的规则，这些规则往往是基于经验和看法，几乎都不是实证研究，并且缺乏说服力。与此同时，大多数研究人员常常只是关注一些课堂教学行为或教学活动，很少有人对课堂教学的组织进行具体研究。

一、课堂教学组织形式的类型

根据课堂教育发展的情况，我们可以把课堂教学的组织形式分为以下三种：

（一）个别教学

个别教学是与集体教学相对的一个概念。它是指教师对个别的学生进行教学，即教师同时对一个或两个学生进行特定内容的教学，或者学生自己在教师的指导和支持下，通过阅读课本、观看或收听视听材料，或者做笔记来获得教育信息。

（二）“个别—小组”教学

苏联教育理论家斯卡特金把这种介于个别教学和班级教学之间的教学组织形式称为“个别—小组教学制”。这种组织形式的特点包括：教师不是教一个或两个学生，而是教十几个或几十个学生的小组；教师不是把全部内容教给一两个学生，而是以一个教师为主，其他几个教师为辅；教师主要是教授知识和监督指导，但学生也参与一定的学习活动。

（三）班级教学（集体教学）

这种组织形式也被称为班级授课制。从课堂教学的发展历史来看，班级教学已成为世界各国普遍采用的教育组织形式，也是我国英语教学的主要形式之一。它主要是以固定的班级为单位来组织课堂教学，将相同年龄、相同知识水平的学生划分到有着一定数量的班级，教师按照课程计划对全班学生进行教学。中国现阶段的大学英语教育也大多采用这种班级授课的组织形式。①

二、对课堂教学的作用和影响

选择合适的组织形式，可以从以下几个方面提升课堂教学的水平：

第一，它能够确保课堂教学的有序、顺利进行。在教学的各个环节中，教师采用合适的课堂组织形式，使教师能够顺利地组织教学活动，控制课堂的教学情况，同时还能完成教学任务。

第二，根据课堂内容，选择恰当的组织形式，能够更好地达到教学目标。一旦教师确定了课程的内容，就应该考虑如何讲授这些内容。例如，模拟现实生活场景的小组活动有助于产生良好的学习效果，因为学生不仅能学到相关词汇，而且还能在现实生活中加以应用。

第三，合适的课堂组织形式还可以提高学生对课堂活动的参与程度，提高学习效率。学生往往对自己喜欢的教学形式更感兴趣，更愿意加入进去，即使教学内容本身并不符合他们的喜好，新奇、有趣的教学组织方式也会促使学生加入课堂活动当中。

课堂组织形式对教学的重要影响可以从以下方面体现出来：

首先，课堂组织形式对课型产生的影响。不同的课程类型需要不同的教学形式，特别是作为大学英语教育核心的综合课程，采用多种教学形式以反映学科的多样性，而听说课程主要采取课堂上的小组活动形式，以增加学生的参与和练习表达的机会。

其次，课堂组织形式对教师教学产生的影响。教师对课程结构的形式了解得越多，课程活动的开展就越好。此外，教师对课件设计各部分所采用的课件结构形式考虑得越多，他们就能更全面地展示课件内容，其教学课件也就越

① 何冰，陈雪莲，王慧娟．语言学应用与英语课堂教学研究［M］．郑州：黄河水利出版社，2020.

有效。

最后，课堂组织形式对学生学习产生的影响。学生对自己喜欢的课堂组织形式有很大的兴趣，就算这些内容并不能引起他们的学习兴趣，适当的课堂形式也能克服其缺点，保持他们对课堂的兴趣。然而，教师需要积极引导，因为学生在学习中是主观的，主要根据自己的经验和喜好来决定课堂组织形式，而对课堂组织形式在英语学习中的作用认识不足，这也需要教师对此进行正确的指导。

第三节　英语课堂教学的发展趋势

英语教育在我国教育中的比重一直居高不下，既是高考必考的重要课程，也延伸到高等教育的整个过程中。英语的工具属性使其长兴不衰，尤其是在全球化、信息快速传播的时代，更需要用英语来联结、沟通各个文化之间的交流。培养符合时代需求的英语高级人才，既掌握基本的听说读写译技能，也熟知各种文化特征，在国家经济发展和世界交流中做出贡献是大学英语教育的目标。如何提高英语教学的质量，扩展学生对英语为母语的国家的文化了解，是大学英语教师需要与时俱进的思考方向。

一、更加重视英语教学和学习的语言输入

大学生英语技能普遍呈现的问题是读写高于听说，实际应用能力不够。这是我国学生和其他英语为第二语言的国家学生之间差别比较大的一点。比如，印度、日本等国家的学生，虽然发音有很多不清晰、不标准的地方，但是他们能流畅地表达出自己想说的内容。我国学生在英语听说上非常注重语音语调的质量，非常害怕自己发音不够标准、语法不够正确，因而忽视了交流的主要目的是内容表达，不能完成交际任务。这一点是英语教师可以引导学生的地方，在师生互动中展示出对内容表达的重视，并在评价学生的输出质量上，提高内

容所占比重。教师本人在教学中也应以身作则，以内容输出为导向，提问更多关于内容的细节。同时，为了增加学生的内容输入，鼓励学生多听、多练听力材料，每听完一个材料就用自己的话复述出来，不断训练学生提取信息和输出信息的能力。所听材料应以最新的国内外热点为主，既掌握了最新的信息及表达方式，也能提高学生的积极性。

二、探索自主与合作相结合新的教学模式

我国传统的英语教学模式是教师一言堂，根据课本的内容和顺序单向输出，而学生大多以听讲为主，按照老师的要求记笔记和回答问题。即使有不理解的地方也不会当场提问，更不会和老师辩论。教师以讲解为主，学生以记忆、背诵为主。课堂比较机械和被动，学生普遍缺少主动思考和质问的批判性思维能力。这与我国提倡的大学生应具备创新能力的导向不符。教师应有意识地改变课堂教学模式和引导方向。

自主性学习包括自主利用合适的学习工具、自主收集筛选信息、自主掌控学习的整个过程，包括预习的角度、学习的深度和复习的力度。当前互联网信息丰富，大学生应用手机和电脑获取信息的渠道方便、快捷，他们也具备自主收集信息的能力。大学英语教育应鼓励学生从课本知识的相关性出发，挖掘互联网有关研究和介绍，拓展、加深对课内知识的掌握，逐渐习惯自主性学习。

教师应引导学生降低对教师的依赖，在预习的时候广泛收集相关信息，以一个讲授者的角色要求自己，预习到能讲解文章的程度。在上课的时候，因为已经掌握了比较多的内容，可以和老师的授课内容进行比对，并勇于和老师讨论、辩论，在争论中更清晰地明了课本内容的底层逻辑。在复习的时候能做到研究性复习，提取出框架结构，做出思维导图。

教师的引导和学生的自主学习有效结合，能培养出具有思考精神和具备学习能力的人才。这种尝试需要教师给予学生更多信任，并有接受学生质疑的格局和能力。降低教师在课堂上讲解的时长，并让渡出部分课堂时间给学生进行思考和讨论。学生的自主学习如果能以互相合作的方式进行，就能达到更好的效果。小组之间集思广益，互相促进，能强化自主学习的深度。

三、注重探索能激发学生学习兴趣的途径

兴趣是最大的学习动力，提高学生对英语学习的兴趣要从以下几个方面着手：首先，英语材料应该是有生命力的、新颖的，能吸引住大学生的注意力，让他们主动愿意去探索。这一点比较容易做到，每个学生都有智能手机和电脑，上网对他们来说是轻车熟路的日常操作。教师要做的是引导学生去收集和课本知识相关的内容，并筛选、研究。在输出上也可以利用互联网，每个学生都可以建立自己的社交平台，用英文记录自己的日常和分享。

其次，英语课堂应该是有趣、活泼的，充满新鲜的知识输入，学生不会只能面对僵化、过时的内容和同样古板、照本宣科的老师。教师应与时俱进，站在知识的前沿，具备引领学生的能力，并关心他们的需求，才能因材施教满足学生的需求。

学生之间也应氛围良好，互帮互助，互有启发，在自主性学习合作中增进友谊，建立愉快的学习氛围。从而提高学生的学习热情，促使他们由内而外地自主生发出学习的内驱力，达到事半功倍的效果。以上因素综合起来，能有效地激发学生的英语学习兴趣。

四、加强对大学英语翻译教学改革

（一）狠抓教学重点，加强翻译练习

听说读写译是英语技能的五个方面，翻译在英语学习中的作用应该属于输出能力，同时它又能促进其他方面的提高。

李学平老师的《通过翻译学英语》是一本很好的教材，能充分论证翻译是英语学习中的综合技能提升手段。该书通过具体例句，给出学生的误译，分析误译的每一处原因，指出改正的方法，然后给出最终的比较好的译文。错误分析中包含了学生常犯的语法错误、长难句理解偏差、中英文对接的空白点处理等微妙的地方，让读者恍然大悟。例句的选材也比较广泛，包括了经济、政治、农业、工业、文化、体育、娱乐方面，是学生通过翻译学习英语不可多得的好教材。

每年的政府工作报告中英文对照版本也可以拿来用作翻译练习，学生可以从中找到政府报告的行文规律和翻译规范，学习最常见的有中国特色词汇的译文，同时也能深入了解我国的大政方针，一举多得。

学生在大一和大二期间有较多时间，教师可以把翻译练习提上日程，增加翻译练习力度，对语法、词汇的提高有促进作用。

（二）注重“双外”教学法的应用

得益于国家对教学的重视和越来越多的教师热衷于教学实践，不断引入新的教学方法，保持教学热情高涨，高校英语教学的改革一直在持续进行。“双外”教学法也是其中一种，其最早指的是“对外交流与外语应用”，即英语教学要涵盖对外交流，又要包含外语的应用功能。体现在当下就是英语能让学生接触到其他文化内容，了解国际动态，同时又能推动我国传统文化向外输出，达到国内外交流的效果。学生的基础知识学习除了基本技能的训练，还应着眼于较高层次的对外交流目标。

文化输出是主动向外传播我国的思想观念，树立国家形象。文化输出的内容很重要，决定了文化输出的成败。文化输出能够弥补之前我国以文化输入为主的局面，让其他国家对我国的经济发展和民族文化有更深入的了解。以此为培养目标的情况下，能给学生更大的民族自豪感，提升学习的主动性和积极性。

五、充分发挥开展课外教学活动的优势

英语教学也可以采用课堂和课外相结合的模式，课内外互相促进，既能提高学生的学习积极性，也能丰富学生的大学生活。教师可以有意识地增加课外英语实践的机会，如英语口语课可以布置一个任务，让学生去采访外教老师在中国的生活，做一集专题报道；学生自己就会展开团体合作，拍摄、采访、剪辑、字幕、外联等各自有负责人，又需要不断磨合、讨论，这种任务的学习量和学习效果要远远高于课堂教学。

以课堂教学为主线，以课外教学为辅助，从以教师为中心变成以学生为中心，教学效果会有很大的变化。组织学生课下参加各种演讲比赛、写作大赛、

翻译大赛等活动，在多层次的选拔过程中锻炼他们的抗挫折能力、不断完善自我的信心，让学生在活动中感受到成就感，这都是他们成长过程中重要的环节。同时，也能提高社交能力，看见别人的学习和生活状态，对自己也是促进。

课内外结合丰富学生生活的同时，对教师提出了更高的要求，需要投入更多的时间和精力，真正做到爱学生像爱自己的孩子一样。对高校的管理也提出了更多的思路，学校可以把这些课外活动常规化、社团化，安排专门负责的人员对接，这样能极大地减轻授课老师的负担。教学岗位的老师只要提出建议和创意，对接相关负责人便去实施执行，学生社团号召同学参与，教务管理部门给予支持和评估，并及时认定和奖励。多部门多人员参与，激活校园活动，丰富学习模式，促进课堂教学效果。

六、多元化的功能定位是英语教学发展的必然趋势

随着科技的发展，人类进入互联网时代。社会对英语人才的要求也有了新的变化，高校教育也应该跟上时代要求，及时调整教学策略，这也是英语教学发展的必然趋势。

多元化英语教学综合运用多种教学方法，有机结合教学内容和教学资源，为学生提供不同的学习体验，接触多样的教学风格。以提高学生的学习兴趣和积极性为目标，以促进学生的综合素质发展为导向。

多元化教学方法包括以下几种：

多媒体教学法。科技的发展改变了教学手段，在常见的电影、音乐、视频、图片之外，还有新颖的雨课堂、超星学习通、智慧树、慕课、网络课堂等渠道和方式。如何有效结合课堂教学，把科技融入教学，提高教学效果，是高校教师面对的挑战。

通识教育和知识教学并行教学法。在教学实践中，笔者发现大学生对通识教育的内容很感兴趣。每当教师拓展延伸课文内容或与现实生活相结合的时候，学生便会更加专注，他们急切地想要知道一些常识性的东西。这是我国教育的过程性特点所决定的，大学之前学生以考试为指挥棒，很少能接触到社会

文化。进入大学后他们离开了家长，没有人能及时指点他们在生活中所遇到的问题。大学教师则以专业知识的传递为主，没有参与学生通识教育的习惯。同时，大学教师也大多从学校一毕业就进入了高校工作，他们自身也缺乏社会实践经验，所以通识教育这一块就接近于真空状态，也是学生急需的内容。

例如，大学思辨英语第四册第二课“The Meanings of Love”讲的是爱的各种观点。爱的本质是关系，即在和他人建立亲密关系的过程中认识自我。笔者在该节课的最后十分钟就建立关系的各个过程并结合大学生的现状进行有实操性的讲解，其中包括：①破冰（认识陌生人）。②识人（通过特定场景判断一个人是否适合进入你的人生）。③建立关系（如何加深谈话的深度，双方深入了解彼此，互相交换对人生认知的财富，深化关系）。④脱离关系（当发现对方已不再适合待在自己的生活中时，我们应该如何主动或被动脱离出这段关系；或者当对方先离开的时候，我们如何应对关系断裂带来的痛苦）。课堂教学实践证明，学生对这部分内容的期待远高于课本知识，他们急切地等待着老师能说出适用并高于他们认知的一些社会经验。这样的内容传授不仅具有操作性和实用性，而且也提升了学生的理解和分析能力，给他们提供了更多看待问题的角度，同时也拉近了师生关系，让学生更能接受其内容的讲解。所以，通识教育不仅是必需的，还是学生急需的，毕竟大学是学生进入社会前的跳板，学习社会化的一些基本知识是他们将来适应社会的储备。

课上课下结合教学法。能让学生课下做的事情尽量不要在课堂上做，如英语对话，让学生在课下针对某个话题进行英语讨论并在课上直接展示。由于学生在课下进行了演练，课堂上就可以节省训练的时间，效果也更好，内容的深度和广度都有提高，也能锻炼学生的思辨能力。能让学生做的老师尽量不做，凡是学生可以做好的事情就放权给学生，老师的信任对学生来说是最大的鼓舞。例如，每节课前 15 分钟的英语时事讨论，所用到的新闻视频让学生自己提前准备，他们能找到最新、最好的内容，并能用自己的语言呈现出来。整个收集材料和处理材料的过程对他们来说就是很好的学习模式，也锻炼了学生的英语表达能力。

单独启发教学法。笔者发现，和学生单独聊天的效果要远远高于在课堂上的重复强调。单独聊天时学生能更清晰地接收到老师想要表达的信息，同时也能体会到老师对自己的尊重和信任，更愿意接受和执行老师的建议。小班教学尽量和每一位学生进行至少一次的单独聊天是很有好处的，他们会觉得自己和老师有了更深入的接触和了解，课堂教学也就更容易达到好的效果。

另外，还有游戏教学法、场景教学法、虚拟 AI 教学法等可以使用，只要是有利于教学效果的都可以拿来尝试，丰富传统教学模式。当然多元化教学增加了教师的工作内容和强度，但学生的受益是明显高于普通的单一教学模式的。

总体来看，想要真正地提升大学英语教学效果，就不能因循守旧、静止不变。保持教学模式的相对稳定性，又不断加入多元化教学方法，才能适应新时代人才培养的要求，丰富学生的认知和思维，使其更快、更好地完成社会化准备。

第二章　英语课堂教学模式研究

第一节　教学模式概述

教学模式是一种教学方法的概况，包含教师和学生之间的互动与合作，能提高学生的学习效果和教学质量。作为一种结构框架，常见的教学模式涵盖了注重知识传授和教师授课为主的传统教学模式、以自主学习和探究为主的启发式教学模式、强调学生之间合作互动的合作式学习模式、围绕实践的项目式学习模式，以及根据不同的学生特点和需求进行针对性教学的个性化教学模式。

一、教学模式概述

在《教学模式》一书中，乔伊斯等认为："教学模式是设计课程和作业、教材，以及激发教师活动的计划。"① 实际的教学模式与计划不同，因为计划是如此具体和可操作，以至于它们往往失去了理论基础。

"模式"一词被引入教育理论，是指教师对学生进行教学活动的模式和方法，包括讲授模式、互动模式、实验模式、课件模式及个性化教学模式。教学

① 布鲁斯·乔伊斯，玛莎·韦尔，艾米莉·卡尔霍恩．教学模式（第9版）［M］．上海：华东师范大学出版社，2021.

模式反映了某些特定的教学理念，是一个学校或一个专业教师的类似操作模式。由于不同的教学观往往提出不同的教学方法，教学方法反映了教师对于学生认知水平的了解和对教学目标的把握。教学方法应具有针对性，可以根据学生的反馈及时调整。它能体现教师的专业素养和把控课堂的能力。教学方法也反映了教师的教学风格和教育态度，对于教学效果和学生成长有着重要的影响。在教学方法的结构中，教学目标是核心，对构成教学方法的其他要素起着制约作用。教学目标决定了教学课程和教育活动中的师生关系，也是评价教学的标准或措施。正是教学方法和教学目标之间的这种强烈的内在统一性，决定了用于实现特定教育目标的各种教学方法的特性。每种教学形式都有合乎逻辑的步骤和工作流程，决定了教师和学生在教育活动中先做什么，后做什么，每一步应该完成什么任务。①

二、教学模式的特点

（一）多样性

由于构成教学活动的不同因素，以及它们之间的关系的复杂性和多样性，导致支撑教学模式的教学思想和教学价值观也是多种多样的，在多元理论的指导下，理解教学活动的角度也必然不同。不同的教学模式会在相应的教学理论的指导下，围绕着不同的问题和所涉及的不同因素和关系展开。

教学模式的多样化强调的是教学模式的个性化。确定这一特点的重要性在于：首先，它可以使教师根据自己的教育需要选择合适的教学方法，避免教学方法的同质化；其次，它可以使教师在开发新的教育模式时，确定适当的教育理念、教育价值、主题和具体活动的重点。例如，在开发发现式教育模式时，教师需要了解建构主义和人本主义学习理论，树立“以学生发展为本”的观念，把握“学生参与”的主题，确定操作活动的重点。

（二）明确性

好的教学模式具有明确的主题、目标和工作程序等特点。这些特点决定了

① 邓婧．英语课堂教学与思维创新［M］．延吉：延边大学出版社，2017.

某一教学模式的使用范围。例如，接受式教育模式适合于基础知识结构的掌握，发现式教育模式适合于培养学生的研究能力和对学科结构、跨学科知识的掌握，发现式教育模式中的研究适合于培养学生的创新精神和实践能力，专题讨论式教育模式适合于培养学生的独立思考和创新精神。

教学模式的明确性表明，在教育研究和实践中要掌握一定的教学模式，教学过程中的目标、方法、评价标准等都应该清晰明确地被阐述和传达，以便学生能够理解和遵循。这种明确性可以提高教学效果，使学生更容易理解和掌握教学内容，同时也能够提高教学质量和效率。在明确性的基础上，教师可以更好地规划和组织教学过程，使教学更加有针对性和系统性，从而更好地促进学生的学习和发展。教学模式应避免僵化和形式化，只有结合学生的实际情况，在能确保学生可以有效完成学习目标的情况下，教学模式才是合理的，但也需要在实践中不断完善和改进。

（三）结构性

教育的理论结构是指教育活动的三个基本要素（教师、学生和教育内容）组合之间的关系。实践活动的结构体现在两个方面：一个是纵向结构，即由教育过程的阶段、环节和步骤之间的联系所代表的某些过程特征；另一个是横向结构，即由实际教育活动的要素之间的联系所代表的某些时空组合的形式，主要包括教育内容、教育目标、教学材料和教学方法。

（四）稳定性

教学模式在某个特定历史时间段和特定的地域具有一定的稳定性。它是实际教学活动中普遍存在的行为模式的总体趋势，具备可参考性。教学模式的稳定性体现在以下几个方面：

教师的教学水平和教学方法。任课教师的专业技能是相对稳定的，同时也可持续提升。教师应与时俱进，避免使用过时的教学方法，确保自己的专业素养过硬，才能对学生的学习效果起正面促进作用。

学生的学习态度和能力。根据招生分数线来说，一个班级或者一个学校的学生水平具有总体趋同性。如果学生缺乏学习动力和自律性，或者学习能力不足，学校教学部门和具体任课教师应当积极采取行动，用适当的方法改善学生的学习态度和习惯，以促进教学效果。

教材。教材的使用一般会持续较长的一段时间，具备稳定性。如果教材设置不合理或者更新较慢，跟不上时代发展和学生的需求，那么也会影响教学效果。因此，既要保持教材的稳定性，也要密切关注更新教材的必要性。

教学环境。教学设施和环境因素也具备稳定的性质，尽量保证教学设施齐全和教学环境安静，以有利于学生的学习效果为主要目标，促进教学模式效果的稳定发挥。当然，这种稳定性也是相对而言的。①

（五）灵活性

因为它是一种反映特定理论或思想的教学模式，而不是针对特定教学内容的教学模式，而且需要在特定的教学过程中使用，所以在应用过程中应该结合当地学生的英语储备水平、所开设的专业方向、采用的教材、学院的政策等方面，综合分析进行不断的调整，找到最适合自己学生的模式。换言之，教育模式对学校正常教育秩序和教师的发展具有重要意义。

这对青年教师的发展尤为重要。如果教师一入职就有意识地接受先进的教育理论指导，不断反思和完善自己的教育经验，那么不仅会大大提高其工作效率，而且将来也有可能成为研究型教师。

通过阐明教学模式的特点，我们对如何利用先进、有效的教学方法提高教学效果有了更深入的理解。

第二节　任务型教学模式

本节通过阐述任务型教育的含义、特点、主要内容和任务设计的原则，分析了在任务型教育背景下促进高校学生自主学习能力的可行性和必要性，探讨了英语学习的过程，强调了学习者主动学习、积极实践、培养自身实际语言能

① 张艺宁．大学英语课堂教学理论与个案研究［M］．北京：国防工业出版社，2010.

力的重要性。英语学习的过程是一个终身的自主学习过程，只有引导学生积极主动地学习和实践，才能最终实现培养具有创新精神和实践能力的高素质人才的教育目标。

一、任务型教学模式的含义及特点

（一）任务型教学模式的含义

任务型教学模式是目前交际教学法的一个发展分支，教师在教学中围绕一个特定的交际目的和教学任务，设计教学流程和任务，学生通过完成这些任务达到掌握语言的目的。简单来说，就是以任务为导向，使学生在做任务中学习，语言使用的基本思想被一种具有实际意义的教学方式所取代。学生主要是在教师的帮助下，通过认识、体验、实践、参与和合作，达成了任务的目标。这是一种以人为本、以应用为中心、以目的为导向的教学模式，要求学习者在完成任务的过程中使用目标语言。

任务型教学注重学生的心理需要，突出教学的信息功能，让学生产生成就感。它以完成任务为中心，不以某个具体的无意义的语言形式为重点。任务的焦点是解决某个交际问题，激发学生积极参与活动的兴趣和欲望。在设计教学活动时，教师应从学生的学习需求角度出发，不断深化任务，并且重视任务所需材料的质量。

（二）任务型教学模式的特点

任务型教学是交际教学法的一种新形式，是对交际教学法的进一步发展，而不是对其的替代。任务型教学要求教师在设计总体任务的时候应考虑层次性，大任务下包含多个由简到繁的小任务，以帮助学生逐步发展使用英语的能力。虽然任务型教学强调为交际目的使用英语的能力，但是更广泛地发展英语的一般使用能力也很重要。任务型教学强调现实生活中的任务是教学的中心活动，纠正了基于功能的教学活动中不够真实的问题。基于任务的教学要求，教学活动要促进学生语言学习和语言技能的发展。任务型教学模式要求教学活动促进语言知识的获得和语言能力的发展。

二、任务型教学模式的实施

（一）教学内容的设定

英语教学的第一步是确立任务目标，即通过让学生完成特定任务而达到的目的。这样是为了帮助学习者获得说英语的信心，解决一个特定的交际问题，或者练习一个特定的写作技巧。第二步，输入材料务必是真实的，要以生活中的交流作为目标，这样学生就能在自然、真实的或模拟的生活场景中体验语言，语言学习就不再仅限于教学资料。第三步，应根据材料设计各种教学活动。任务的设计可以从简单到复杂，从容易到困难，前后贯通，逐步深入。在一个涵盖初级任务到高级任务、高级任务到初级任务的循环中，几个微观任务构成一个任务链，教学以阶梯式的方式逐层推进。①

任务型教学模式根据学习者不同的英语水平而提出各种任务，让学习者通过与学习伙伴的合作和协商来解决任务，充分体现了以学生为中心的教学理念。整个学习过程以反思、启示和自我反省为特征。任务驱动的学习过程能够刺激学生的学习主动性和动力，使学生通过自己的思考和同伴的反应调整办事方法，最终在完成任务时体验到畅快的成就感。

（二）任务设计的原则

第一，任务应该是真实和实用的。任务中使用的输入材料要基于真实情况。然而，“真实”是一个相对的术语，它可能来自课堂材料。教师应该创造一个新的语言环境，并根据学习者在任务中所学到的知识，提出一个（交际）问题并加以解决。这样，学习者就可以利用他们已有的语言知识来解决特定情况下的交际问题，并利用他们已有的知识、策略和技能来研究英语的使用规则。学习者在没有语言环境的情况下学习英语也是很常见的。目前有不少高校购入了虚拟教学设备，学生可以戴上 VR 眼镜，仿若置身于真实的场景中。教师可以根据教学任务导入一定的场景，学生在逼真的环境中练习英语的使用，如机场、餐厅、海关等。

---

① 何少庆．英语教学策略理论与实践运用［M］．杭州：浙江大学出版社，2010.

第二，任务应该以一种连贯的方式呈现。纽南提倡“任务依属原则”，也就是说，课堂任务应该以“任务链”或“任务系列”的形式呈现，每个任务都建立在前一个任务或子任务之上。换句话说，一个任务的几个任务或子任务应该是彼此关联的，有一个统一的目标，同时在内容上是相互关联的。所以，任务系列构成了一个教学阶梯，使学生能够逐步实现预期的目标。

第三，教学任务应该是实际的、可操作的和有趣的。在英语课程中，重点应该是培养学生在实践中使用语言的能力，特别是在日常生活和涉外活动中，而不是仅仅掌握语言的基本知识。所以，教师在设计任务时，一定要避免为了设计而设计的想法。任务设计者需要根据学习者的职业特点和未来的职业理想来设计任务，并有效地利用时间和空间，最大限度地增加互动的机会，为学习者的个人活动创造条件，以期达到教育目标。①

因此，在任务设计中必须避免环节过多或序列过于复杂的任务，教师要根据需要为学习者提供执行或处理任务的教育模式。任务型教学法的优点之一是通过课堂上有趣味的交流活动有效地激励学习者，使他们能够积极地投入到学习中。所以，在课堂上应尽量避免枯燥乏味和重复的任务类型，而代之以多样的、有趣的任务。

三、任务型教学模式的基本原则与教学过程

基于任务的教学模式将任务置于教学法的中心，将学习过程视为一系列与课程目标直接相关并为之服务的任务，不是为了语言本身而进行练习。因此，它是一种规划和组织语言教学的方法，其中任务是其关键的内容。纽南列出了任务型教学模式的五个原则：

（1）真实性原则。

（2）形式—功能性原则。

（3）任务相依性原则。

（4）做中学原则。

① 何冰，陈雪莲，王慧娟．语言学应用与英语课堂教学研究［M］．郑州：黄河水利出版社，2020.

（5）脚手架原则。就是给予学生足够的关注和支持，以帮助他们成功并获得对学习的信心。

任务型教学过程分为任务前阶段、任务完成阶段和语言焦点阶段。在任务前阶段，将介绍主题和任务。在这个阶段，教师和学习者一起探讨这个话题，强调有助于学习者理解任务指示和准备任务的词汇和短语，学习者会得到有意义的输入，帮助他们熟悉主题并认识新的词汇和短语。这一阶段的目标是强调任务的主题，激活相关的知识，并减少认知负荷。

任务完成阶段体现在总结和呈现上，学生以书面或口头的形式整理任务的实施情况，向老师或其他小组汇报，接受教师的反馈和指导，并和其他小组进行比对，提出改进措施。通过这一阶段的总结和反思，学习者既能充分地进行口头表达，锻炼对话的流畅性而不是语言的准确性，也能反思经验教训，为后期的任务打下基础。

语言焦点阶段涉及分析和练习。这一阶段的重点是分析文本中出现的语言特点和困难。教师的反馈应偏重于指出学生在语言表达方面需要改进的地方，帮助学生意识到自己在表达内容的过程中容易犯的语言错误，这也是他们的弱项。不断地查漏补缺能让学生强化自己的语言组织和应用能力。

任务型教学的支持者认为，当学习者做一些事情，即完成各种任务时，语言的习得效果最好。当学习者积极参与到目标语言的实践中时，语言就在潜移默化中被学习者掌握了。在语境中学习词汇的使用，比单纯的背诵单词要省时省力。任务型教学模式旨在提供尽可能丰富的内容，使学习者能够明确学习目标，并在交流过程中适当分配自己的注意力，从而实现语言能力的均衡发展。①

四、任务型教学模式的优缺点

（一）优点

任务型教学模式是交际教学法的一个重要延续和发展。交际教学法使用具

① 杨雪静．高校英语教学模式创新研究［M］．长春：吉林人民出版社，2019.

有功能意图的课程来确定教学内容和目标，而任务型教学模式则将任务作为计划、组织教学、开发任务课程的核心，并将完成任务作为教学的目标。基于任务的模式假定真实的语言环境、多种多样的任务活动，能结合语言知识和语言技能，有助于激发学生的学习兴趣，启发学生思考，发挥学生的主观能动性。在任务型教学中，学生通常需要团队合作才能完成任务，在整个过程中学生能够培养自己的人际交往、磨合、妥协、争取、应变的能力，得到全方位的进步。带着任务进行的学习目的性强，目标明确，学生容易有成就感，对他们的学习起到正面促进作用。如果任务的设定正好符合他们的个人偏好，那么学习效果就更能得到保证。

任务型教学模式主要引入了形式—功能原则。这个原则就是让教师和学习者都认识到语言形式和语言功能二者的关系，并设计注重语言形式和功能整合的任务。任务型教学模式对语言结构的强调，并不要求学生立刻掌握课堂上呈现的语言形式，而是要求学生密集地接触语言结构，对其形成一定的认识，逐渐将其融入不断发展的中介语言系统，经过反复地在任务中使用，在场景中重复，学生能不断地强化记忆，最终达到熟练使用的目的，在完成听、说、读、写等任务后完善其掌握程度。在课堂教学实践中，教师利用这一原则使学生在具体语境中观察、分析和归纳语言规则，改变教师解释和教授语法的方式，同时使学生更清楚自己的学习目标，能够在交际语境中适当分配注意力，使语言得到均衡的发展。

在任务型教学模式中，教学任务的设计是以人的发展为前提的。基于任务的教学模式创建了以任务为分析单位的课程，在一连串的任务中把语言知识渗透进去，语言教学就变成了语言交际，课堂教学也从教师的讲解变成了以学生为中心的实践训练。学生成了课堂的中心，让他们在使用语言的同时进行学习，为发现学习、探究学习以及认知技能和智力的发展创造情境和条件。学生组织和使用语言来寻找答案，最终完成任务。获得系统的语言知识不再是教育的最终目标，而只是发展学生的交际和解决问题的能力的手段。任务型教学模式体现交流与合作、真实客观、过程导向，强调学生参与，学用结合，无疑是外语教学法的又一重大进步。

（二）缺点

事实上，大多数教学模式都是优点和缺点并存的，任务型教学模式也不例外，它也存在许多需要解决的问题。第一，任务型教学模式的理论基础主要是二语习得理论，它强调语言学习的重点应该是意义。虽然对语言的形式给予了关注，但是对语法的处理在很大程度上是由教师来判断的，是任意的、不系统的，是基于主观经验的。第二，在任务的选择、分类、分级和排序方面存在许多问题，更不用说达成共识了。

所以，为了更好地推进任务型教学模式的发展，我们还需要在课程开发、内容选择和材料开发等层面开展工作。

第三节　内容型教学模式

一、内容型教学模式的基本原则

内容型教学模式通过使用目标语言教授主题内容来整合语言系统和内容。这种整合的理念是基于这样的认识：只有当这两者不是分开的，而是具有同等价值的时候，才能促进两者的同步进行。在选用的教材是内容导向的情况下，学生既能学习到比较深入的人文内容，又能感受到较为地道的英文表达，对自己的知识储备和语言能力都有很好的建构作用。

（一）教学决策建立在内容上

语言课程开发者和教科书作者在设计阶段面临的两个问题是内容选择（包括哪些元素）和顺序安排（如何安排这些元素）。传统的教学方法，如语法翻译和听力理解，通常是根据学生学习由易到难的规律设计内容，符合语言学习规律，有利于逐步提高学生对知识的掌握程度。按照这一原则，教材编写者会把最容易学习的内容放在书本前半部分。内容型教学法则打破了传统的内容选择和分类规则，完全摈弃了将语言标准当作教学的出发点，而将内容作为语言选择和分类的基础和前提。[①]

（二）整合听说读写技能

以前的教学方法往往是在单独的、特定的课程中进行，如语法、写作和听说课。以内容为导向的教学方法试图以统一的方式教授听、说、读、写四种基本技能，同时结合语法和词汇教学。这一教育原则源于语言交流的现实环境，以及语言互动涉及多种技能的协同作用这一事实。同样，基于内容的语言教学拒绝在课堂上为听和写设定顺序的想法。这些技能的教学没有固定的顺序，可以从任何一项技能开始。因此，这一原则来自于第一条原则，是影响教学科目选择和顺序的主要表现。

（三）教学的每个阶段都要求学生主动参与

自交际教学法出现以来，课堂的重点已经从教师转移到了学生身上，“在做中学”已经成为交际语言教学的一项主要原则。任务型教学是交际教学法的一种类型，强调以探究和发现为基础，通过完成任务获得学习的喜悦感。内容型教学模式是基于学习内容的语言学习，教材的选定应以内容为导向。外语教学和研究出版社的教材《大学思辨英语教程》就是以内容为主的系列图书，分为语言与文化、哲学与文明、文学与人生、社会与个人。课文节选自西方经典名著，学生既能在学习中获得人文知识，开启智慧，又能体验到英文原著的语言魅力。学习者在互动学习中可以代入到积极的社会角色，他们在课堂上协商意义，收集信息，构建意义。在基于内容的语言学习中，学生通过深入理解语言表层背后的文化及哲学内容，能开拓视野、延展认知范围，增加分析和思考的维度。由于教材内容有深度，教师的作用也愈加重要，他们既是学习者的信息来源，作业的组织者，学习活动的指导者、控制者和促进者，也是学生学习活动的评价者。

（四）内容的选择要与学生的兴趣和学习目标相关

基于内容的教学法的内容选择要取决于学习者和教育环境。一般来说，教学内容要与该特定教育环境中正在教授的科目并行。例如，中学教育中的外语

① 高红梅，管艳郡，朱荣萍．高校英语教学创新性研究［M］．长春：吉林人民出版社，2021.

教学内容可能会参考学生在其他科目（如科学、历史或社会研究等）中的学习情况。

在高等教育中，学生也可以参加“毗邻课”。所谓毗邻课，是指两位教师从两个不同的角度教授相同的内容，以达到不同的教育目标。在其他教育环境中，可以根据学生的专业需求和一般兴趣来选择内容。在实践中，教学材料的创建者和使用者很难掌握这一原则，因为很难确定学生普遍感兴趣的内容。然而，由于每节课的长度，教师有足够的时间将课程内容与学生的现有知识联系起来。所以，激发学生对选定内容的兴趣是实施内容导向教育理论的基础。

（五）选择真实的教学内容和任务

基于内容的教学的关键要素是真实性。文本内容和作业内容都必须是真实的。歌曲、故事、动画片都可以作为真实性内容使用。当这样的真实性内容被用于外语教学时，它就会改变原来的目的，从而有助于语言学习。同样，任务的真实性也是基于内容教学的一个目标，任务必须与特定文本的背景相结合，并反映真实情况。

（六）对语言结构进行直接学习

以内容为导向的教学旨在让学生接触真实的语言输入，帮助他们发展使用语言进行交流的技能。各种文本信息、教师的课堂语言、学生结对作业和课下小组活动都是围绕一定的学习任务进行的。比如，针对英语新闻的听力能力训练，可以让学生采用真实的 BBC 新闻报道，每天听一则短的新闻，要求学生听写每一个单词。这种精听就是对新闻英语的语言特点和结构进行直接学习。听写的过程让学生既能强化辨析英文在真实环境下的发音特点，又能熟悉新闻材料的写作方法和规律。仅仅是可理解的输入并不能达成优秀的语言学习结果，还需要采取提高认识的方法来学习真实文本中的语言结构。

二、内容型教学模式的特点

第一，内容型教学模式旨在让学生接触较多的与之有关或其比较感兴趣的内容。内容型教学模式注重知识传授，教师主要负责知识的系统讲解和传授，学习者主要通过记忆和理解掌握知识。这种教学模式侧重知识本身的学习。教师在教学中占主导地位，主要采用讲授的教学方法。学习者处于被动接受的位置。教与学之间的互动较少。教学内容和进程严格遵循指定的教材和课本，知识点的选择和组织也由教材决定。这使课堂教学较为固定化。学习评价主要通过各种形式的考试来完成，侧重对知识的记忆和理解的测试。这也推动学习者注重记忆与理解。

内容型教学模式过于强调知识的习得，忽视了技能的培养与运用。它使教学呈现较为被动和固定的状态，不利于学习者的创新精神与动手能力的养成。这需要教师在教学观念和教学方式上进行改进，实现从内容重点向学习重点的转变。内容与学习的结合，才能使教与学达到更好的互动与发展。教学方式的改进也是内容型教学模式转型的关键所在。

克拉申的“可理解输入”理论和维果茨基的“最近发展区”理论都提出，需要略高于学习者的语言水平的内容输入。这种给内容输入以特殊的倾向是内容型教学法的常见做法。①

第二，基于内容的教学模式中的内容选择不是以课为单位的。在许多情况下，一个单元的内容并不局限于一节课。事实上，以内容为基础的语言教学中的内容单元往往跨越几个星期甚至更长的时间。

三、内容型教学模式的分类

（一）主题模式

主题模式通过专题的形式来进行教学。主题的内容主要来自于学生所学的其他科目，或与学生的兴趣和生活有着紧密关系的内容。通过主题教学，我们可以实现教学内容和方法上的突破，来解决教学当中存在的各种问题。

主题教学模式注重学习语言的意义，而不忽视语言的形式。学生通过构建主题来了解社会生活，并通过深入了解单词、句子、句型和语法来连接语言的意义和形式。

① 张喜华，郭平建．信息化背景下大学英语教学改革研究［M］．北京：北京交通大学出版社，2017.

实现教师的指导和学生自主性的匹配。教师的作用是为学习提供背景，并提供适当的指导和示范。教师把建立、扩展和深化学习材料的认知结构的任务交给学生，从而促进真正的学生自主性。

培养跨文化交际能力可以从以下几个方面着手：①增强文化意识，具有开放的心态，尊重不同文化的价值体系和规范。②提高社交技巧，训练学生的社交技巧，可以在文化交往中获取到更多的沟通交流机会，适应各种社交场合和谈话方式。③增加知识储备，多多阅读相关的文献和书籍，为文化交际储备必要的知识。④不断成长的自我意识，在自我成长的过程中有意识地辨明自己的弱点和偏见，不断地用新的认知取代旧的观念，保持持久的好奇心和自我更新能力。以上这些基础素质，对学生学习语言能起到促进和提高作用。

回到语言学习本身，学生可以应用之前提到的那些素养，加深对语言的理解，同时语言承载的文化也能印证以上几个方面。在此两者互相叠加的过程中，学生的自我成长不断得到巩固，获得了语言学习及语言之外更多的知识。

（二）附加模式

附加模式是教师个体在教学过程中单独增加的具有自己特色的教学内容，也可以指借助其他学科学习语言的方式。每个教师都有自己的独特知识储备和认知内容，只要其善加利用，并热心和学生分享，学生就能从中受益。需要注意的是，教师在增加自己的独特教学内容时，应和课本知识进行不着痕迹的融合，以加深和拓展为主，而不是单纯地直接补充进课堂内容。否则容易喧宾夺主，影响学生对课堂知识的掌握。

例如，在英语教学中，若老师对经济学了解较多，在教授和经济学相关的内容时，就可以在原本内容的基础上拓展经济学知识，让学生能接触到更多的语言表达。也可以结合自己对市场的了解，引进投资和财富积累等方面的经验，学生比较缺乏对这方面的了解，教师的个人经验能活跃课堂气氛，刺激学生深入学习的兴趣。所以，英语老师上课的主要任务既是帮助学生理解和处理更难的内容，使他们能更快地理解更难的内容，更快地学习语言，也是扩大学生认知范围，促进学生深入研究的推动力。

四、内容型教学模式的优缺点

（一）优点

1. 促进学生的智力发展

交际法注重研究语言使用中的意义，关注上下文、语境以及话语者的意图。它研究语言的语用规则，在不同语境下的使用方法和变化，话语者在交流中表现出来的社会关系和情感倾向，都会对语言使用产生影响。因此，由于语言本身既是课堂的内容，又是课堂的中介，就会出现一个课堂循环的情况：语言教学在一段时间内集中于内容，在一段时间内集中于特定的语言结构。然而，不同的内容需要选择不同的思维方式，而不同的思维方式也需要适应不同的教学内容。换句话说，不同的语言内容会引发学习者不同的认知过程，没有一个基于结构的教育组织原则可以满足学习者学习中认知发展的要求。①

总之，多样化和主题化的内容是语言教育的核心，是发展学生认知能力的一种方式。伴随时代的发展，外语教育的目标越来越倾向于使语言教学作为人类发展的重要组成部分，注重语言承载的文化内容也注重语言本身的表达功能。不同语境下英语的使用规则表明，在二语学习中，学习者认知能力的发展和母语学习的过程是一致的。婴儿从牙牙学语开始，模仿的是单字音节，然后慢慢扩展到词汇，再到学习句子。经过学前六年的积累，对语言的掌握已经非常熟练，开始过渡到拼音和书写，进行模仿性写作训练，书面输出。在此过程中，母语的语言习惯得到了深化和嵌入，英语学习也是如此。要特别注意的是，不同种类的语言内容需要不同的思维方式。通过引起学习者对内容的学习兴趣，促进学习者语言技能的发展，同时要发展学习者的语言思维。

2. 提高学生的高级学习策略

学生的学习策略也随着他们思维的发展而提高。例如，学习派生词的策略要比认识相关词汇困难得多。翻译、重复和使用成语是学习者在语言习得的早期阶段容易掌握的策略。然而，在内容贫乏的语境中，它们往往被限制在语言

---

① 赵婴，林立. 英语教师课堂教学基本技能［M］. 北京：北京师范大学出版社，2017.

结构知识的狭窄范围内，因此很难掌握高级策略，如用法、监测和衍生等策略。高级的学习策略能促进语言学习的速度和深度，同时也对学习者的思维认知提出了较高的需求，认知越高越能接受不同的学习策略，也就越能从中受益。学习策略需要与真实的任务情境相结合，学习者积极参与语言意义的协商，并在遇到他们不理解的信息时提供反馈。

与此同时，众多的副语言特征和情景信息相互作用，支持语言发展。在这一点上，语言支持是最大化的。当情境和认知的困难都比较低时，学习的难度和效能也就降低了，学生的进步会受到影响。这时应该增加材料的难度，提高情境对学生的要求，让学生一直处于“踮起脚”才能够得着的高度。既能增加知识的摄入，也能保持学生学习的热情和积极性。

母语是在具有认知挑战性的、情境丰富的语言环境中获得的。然而，我们的外语教学往往是在认知困难、无语境的环境中进行的，与母语学习的条件形成鲜明对比。①

3. 提供大量支持语言发展的材料

场景化的内容，包括语言学、元语言和超语言学的内容，可以极大地提高学生对语言的认识和理解，加速语言发展。丰富的内容知识可以培养良好的学习策略。简单的策略，如翻译、重复和记忆，不足以满足发展外语思维能力的要求。成功的语言学习需要先进的策略。

除此以外，内容敏感性也提高了语言系统的知识，包括语言背景模式和语法及词汇。在处理这些知识的过程中，思维能力得到了提高。外语教育必须以多样化的内容来满足发展多样化人类思维能力的需要。多样化的内容解决了人类思维能力的发展，也促进了语言的发展。基于内容的方法通过发展那些与语言结构有关的思维能力来发展语言。由于内容与认知风格密切相关，因此需要具体的概念、观点和语法规则来表达。外语教学法的改革不能只注重方法而边缘化内容，内容永远是中心，不可忽视。应详细评估内容的深度和广度，对接学生的认知水平。既保持内容的广泛性和趣味性，也考虑到学生的接受能力和

① 郭岩．大学英语课堂教学研究［M］．北京：光明日报出版社，2016.

受益程度，真正做到教学改革的战术和战略两相宜。

（二）缺点

1. 缺乏实施内容型教学模式的教材

目前，关于内容型教学模式以知识传授为主要目的，内容型教学法可以有多种形式，国内最适合采用此教学法的教材，笔者认为是外语教学与研究出版社的《大学思辨英语教程》，既有基础英语也有读写教材，还有辩论和口语练习。具体如何使用才能更有效地使学生受益，目前研究还比较少，因为这套教材在2018年才面世，使用的时间还比较短，还需要不断地进行摸索和总结。此类以内容为导向的教材在国内还比较少，应增加可供选择和更新的可能性。

2. 缺乏胜任内容型教学模式的师资力量

以内容为导向的教学模式需要对教师资格进行根本性的改变。首先，由于学科内容的不同，教师显然需要具备相应的知识基础，但现实中很少有教师能够达到这一要求。其次，不同的教学模式是对教师的一大挑战。教师不仅需要具备足够的外语教学知识和技能，而且还需要与其他学科的教师协调合作，以履行自己的职责，他们必须改变长期以来认为外语与其他学科相分离的陈旧观念。显然，以内容为导向的教学模式所需要的教师数量要远远多于其他的教学模式。

换言之，内容是语言的灵魂所在，语言是承载内容的工具。学习语言不能靠机械地背诵，那样不符合语言学习的规律，也不能增加学生的认知能力。所以英语教学就必须从丰富的内容入手。创造一种新的以内容为基础的教育模式，解决长期以来语言内容与意义之间的矛盾，不仅可以促进人的全面发展，而且可以改变各种“重语言轻内容”的实际情况。我们要从根本上改变“为教语言而教”的教学情况，进而成为“为学习者的整体发展而教”的实践者。

第四节　“输入—输出”教学模式

随着我国大学英语教育的不断改革，英语教学已经取得了重大进展。与此同时，新制订的教学大纲也增加了对大学英语教育的要求。但是，语言输入和输出之间的不平衡导致了大学英语教育长期以来的不太理想。基于语言输入和输出理论的大学英语互动教学模式是解决当前大学英语教育问题的一种尝试，也是探索大学英语教育改革的新途径。

一、大学英语教学模式中语言输入与输出的现状

目前，大学英语课堂采用的是“以教师为中心”“以学生为中心”和“以学生为主体，教师为主导（双主模式）”的教学模式。这三种模式对语言输入和输出的重视程度不同。在“以教师为中心”的模式中，课堂是将教师作为中心，教师传授内容，学生被动地吸收内容。教师在课堂上占主导地位，主要的是教师的语言输出，而教师和学生之间的互动和交流是不存在的。这样的教学模式忽视了学生作为课堂活动的主体，不能促进学生语言能力的发展，也就是说、写方面的能力。

“以学生为中心”的教学模式与“以教师为中心”的教学模式相比有很多优点。它鼓励学生的积极性和主动性，提高课堂活动的参与度，并帮助学生发展基本的听和说的技能。但是，这种模式仍有许多问题。比如过分强调学生在课堂上的作用，往往会忽视课程目标的设计、教师的定位以及教师的指导。学生与学生之间的互动很好，但师生之间的互动却很缺乏。因此，教师很难对课程进行评估和总结，导致语言输入和输出的不平衡，从而难以实现预期的课程目标。同时，也很难成功培养学生的个性、品格和情感。①

在输入和输出的平衡方面，这两种教学方法都存在很多迫切的问题。此外，许多大学的英语教学受到各种考试的影响，比如大学英语四、六级考试和研究生考试，从而忽视了学生输出能力的提升，特别是口语能力的提升。这种情况也是造成学生的“哑巴英语”的重要原因。

一线英语教师在教学实践中应不断摸索新的教学模式，以学生作为教学主体，教师为主导的教学模式，提高学生的中心地位，利用各种教学工具和手

---

① 高红梅，管艳郡，朱荣萍．高校英语教学创新性研究［M］．长春：吉林人民出版社，2021.

段，增加学生的自主学习比重。使现代教学手段与传统教学方法相结合，强调学生的主体地位和教师的指导地位，实现语言输入和输出的平衡。

二、概述输入、输出及互动假说理论

（一）Krashen 输入假说理论和 Swain 的输出假说理论

假说理论是根据实验观察提出推断，它是实践训练的基础，具有指导作用。在实践中若能得到正向印证，即可被广泛应用，具有可重复性功能。

20 世纪 70 年代，美国语言学家斯蒂芬·克拉申（Stephen Krashen）提出了五个理论，其中包含了输入假说理论，它是五个假说中最复杂的一个。他认为，学习者在得到“可理解的语言输入”时，只有当所读材料略高于他现有语言技能，而他又专注于信息理解时，才能产生习得。[①] Krashen 强调语言的有效性输入，其特点有可理解性、趣味性、非语法程序安排及足够的语言输入量。

加拿大学者 Swain 长期从事沉浸式教学项目研究，在沉浸式教学模式中学生可以获得大量的可理解输入。Swain 对 Krashen 的可理解性输入是促成二语习得的唯一原因提出了质疑，并针对性地提出了语言输出假说理论。Swain 认为，外语学习的过程就是对语言做出各种假设的过程，检验其语言结构及意义，通过假设性输出，与原文通过不断的协商和印证，检验自己使用语言的准确性和理解程度，从而达到真正习得语言的目的。

（二）Long 交互假说理论

Michael Long 是著名的第二语言习得教授，他提出了交互假说理论（Interaction Hypothesis）。针对 Krashen 的输入假说，Long 对输入者如何确认自己的输入被聆听者所理解存有疑问。Long 提出的解决方案是互动，在互动的过程中语言输入可以不停地被检验，以确保对方理解，双方也为彼此产生了可理解的输入。互动中不对具体的语法、发音错误进行纠错，规则的正确性可以放在次要地位，只要输入是有效的，就能达成交际目的。在有效的互动中学习，语言质量的提高是自然而然发生的。

---

① 顾伟勤．输入、互动和二语学习者［M］．上海：上海外语教育出版社，2008.

输入是输出的基础，互动中的语言输入效果远高于单向的语言输入。教师可以提供给学生互动输入的场景，比如真实场景的 VR 教室实训、外教采访、电影分角色配音、戏剧表演等活动。学生在交流过程中，生动有效地进行了输入和输出练习。

（三）输入、输出与互动的关系

语言学习的目的是交流，交流的核心是互动。为达成交流需要输入为基础，二语学习者通过长期大量的语言输入，掌握能够交流的外语水平。在交流的过程中完成语言输出，并根据对方的反应不断验证自己输出的质量，在输出的同时修正对语言的理解。

在实际教学中，如何提高互动的有效性是教师应该重视的问题，有时看似互动热闹的课堂，实质上不一定能达到语言习得的效果。根据三位语言学家的理论，把输入、输出统一到互动中来，三者结合分析来看，创设真实的语言互动环境，是必备条件。把课堂与生活结合起来，唤醒学习者记忆中的生活经验，让互动在真实条件下发生。同时还要考虑输入材料的难度和实用性，材料不可太简单，也不可太复杂，应是具备一定难度让学生踮起脚尖能够得着。如果太复杂会引起学生反感和厌学。

除了课外材料的输出，教师的课堂语言也是主要的输入资料来源。教师应考虑自己语言的信息含量、趣味性、简洁明了的指令，也要难度适中。根据学生的反馈，及时进行调整。

三、基于输入与输出理论的大学英语互动教学模式

根据 Krashen、Swain、Long 的输入、输出和互动假说理论，我们建立起了一种大学英语互动教学模式，以平衡语言输入和输出，培养学生的交流能力。

大学英语教学模式通常也是涵盖了语言输入、输出及互动输出，在此之上还有老师的评价。与传统的教学模式相比，双主模式具有鲜明的优点。在互动式教学中，教师鼓励学生通过各种活动提供语言输入和输出，并对教学效果进行评估。学生的语言输入可以通过各种途径进行。在互动式的课堂上，学生可以通过教师指导的输入，如讲课、提问题和设问题等，获得很多的语言输入。

这种教师的可理解性输入为学生的语言输出提供了有力保障。

在互动输出模式中，教师积极组织学生进行独立思考、结对工作和小组活动，目的是促进学生的合作学习和语言交际能力。在大学英语教学的互动模式中，最终结果是对学生的语言输入和输出进行评价。在这个过程中，教师的反馈起着重要作用。在互动课堂上，教师对学生的表现进行及时反馈。通过这种方式，学习者在收到反馈后会修改他们的语言表现。反馈鼓励学习者修改他们的表现，而修改后的表现则促进了语言学习。[①]

在评价阶段，教师不仅可以通过考试和测验对学生进行评价，而且还可以通过个别讨论、口头发言和学生互动、书面材料、PPT 展示成果等形式，客观、科学、全面地评价学生的输入、吸收和输出。此外，通过互评，学生可以互相学习对方的长处，弥补对方的短处，从而提高学习效果，促进学生的语言输入和输出，最终达到良好的教育效果。

四、"输入输出假说"在英语教学模式中的运用策略

（一）语言输入

可理解的语言输入是语言习得的一个必要条件。所以，课堂教学上使用的输入材料必须根据学生的水平和个体接受能力来决定，需要我们由浅入深，由简单到复杂，语言和词汇的深度必须与学生的实际水平和学习情况相适应。输入内容要适合学生，输入过程应该注重语言的意义和形式，也就是识别语块和记忆语块，这样才能达到预期的目标。

例如，在目前的教学环境中，多媒体教学是大学英语教学的主要方法，当学生接受可理解的语言输入时，采用了"教师为主导、学生为中心"的教学模式（双主模式）。教师可以通过展示图片或视频或让学生听录音等方式扩展输入。通过了解学习者当前的语言水平，教师可以确保将超出学习者当前语言水平的学习材料内容转化为更容易理解的输入。对教材中涉及的语言技能和交际能力的精辟解释，可以帮助学习者准确理解和掌握目标语言的语音、语法、

① 张喜华，郭平建．信息化背景下大学英语教学改革研究［M］．北京：北京交通大学出版社，2017.

词汇、句法和其他语言技能。

在学生完全理解目标语言的情况下，教师指导学生尽可能多地使用所学词汇，通过复述课文使用到刚学完的词汇，加深记忆和理解。用课文中的新词编故事也是一个好方法，在使用中辨明其用法。大学英语课文一般篇幅较长，在教师讲解的基础上要求学生做出思维导图，是一个整理文章框架结构的好思路。学生需要从段落和句子中跳出来，站在全文的高度把握课文材料。

此外，教师还可以在校园网的多媒体教学平台上补充一定数量的难度相当的语言材料，供学习者自学使用，让他们及时巩固和检验自己的输入，为学习者提供足够的可理解性输入，达到语言输入应达到的教育目的，从而提升输入的有效性。①

（二）语言输出

现在，大学英语教学仍以目标语言输入为重点，这不利于学生参与，也不能提高他们适当使用语言的能力。鉴于这种情况，除了可理解的语言输入外，教师还需要对口头和书面“输出”持开放态度。在上课之前，学生可以有机会在图书馆或互联网上研究课文的主题，解释课文的主要内容和刺激性语言，并熟悉相关的文化和背景知识。

在开始讲解课文之前，先请学生陈述一下自己对课文的理解，检验学生的预习情况和理解程度。讲解的过程中注意引导学生找出每一段的主题句和支撑材料，段落讲解完之后，引领学生找出该段的关键词，使学生的理解得到从“见木”到“见林”的提升。根据段落内容进行适当的延伸和拓展，把课文内容和现实生活相结合，让学生更好地理解材料内容。全文讲解完之后要求学生复述课文并做出思维导图。课文的讲解还要注意情感升华，加入思政内容。针对学生有疑问和不解的地方，为他们推荐相关书籍，进一步延伸自主学习的范围。

输出时侧重语言意义，更多地使用大量储存在记忆系统里的语块形式等，进行相关的话题词汇积累和相关的话题概括和讨论，在这种开放性的说写“输出”教学模式下，教师自身的主导作用得到了发挥，学生也能积极参与到

① 施春红．着眼能力取向优化英语课堂教学［J］．教育，2017（38）：57-58.

课堂中，学生语言表达的流利性、准确性和地道性均能有明显的提高，也激发了学生深入研究问题的热情。这一教学模式还充分利用师生间在学生“输出”过程中的交流、对话，实现及时的反馈“输入”。①

应用“输入—输出”理论来指导大学英语教学，就是将情景信息视为重要的输入信息，注重为学生创造情境和情感体验，让他们在自然轻松的环境中学习和成长。这样，学生可以在自然轻松的环境中学习和积累，不断成长。采用这种教育模式，不仅可以引导学生学习，体验“习得”的过程，培养学生用英语思考的能力，还可以完善课堂的知识网络，提高英语的认知网络，引导学生在大学英语课堂上优化利用有限的教育资源，极大地提高学生的整体英语水平。

第五节　基于情境认知的教学模式

一、基于情境认知的英语教学模式的特点

（一）主体性特征：以学习者为中心

把学习者作为教学中心，是基于情境的认知教育模式的关键特征和基本要求。这是一种基于认知心理学的学习方法，知识的习得发生在解决问题的过程中，通过分析挑战的材料，解决心中的疑虑，认知得到发展，建构起学生的能力。

学习者一直都处于学习和教学的中心，教师应设计出多样化的活动，让学生在解决问题、完成任务的过程中学习并运用自己掌握的知识。在此过程中，学生能锻炼自己主动参与的能力，通过其他成员的反馈和老师的评价，不断修正和提高验证自己解决问题的能力。

① 郭岩．大学英语课堂教学研究［M］．北京：光明日报出版社，2016.

教师在整个课堂上充当辅助和指导的角色，监督指导学习者的学习。教师的角色随着学习任务和教学环节的不同而变化。教师是学生学习的观察者、指导者、促进者和帮助者，需要以各种方式支持学生的学习。[①]

（二）过程特征：重视互动的建构过程

在情境认知基础上的英语教学，认为语言学习在本质上是一种社会情境活动，是个人与环境互动的过程或构建状态，是学习者的协作行为，是适应动态变化和发展的环境的过程。显然，英语学习不仅是接受传统的知识，还包括承担不同的角色，处理不同的问题，发展多种观点，并因此通过学习者之间的协作表达不同的观点。当然，学习者也有机会放松自己，沉浸在学习环境中，参与自己的语言建构；英语教学让学习者通过与环境和其他学习者的多次互动，有选择地吸收外部信息，充分考虑多种观点，整合学习者已有的语言经验，进行深度探究、社会互动旨在让学习者在深度探究、社会互动、协商的基础上完成自己的语言知识建构。

（三）内容特征：提供有意义的认知材料

充足的“认知材料”的提供是教与学情境化认知模式的重要先决条件。这些材料通常都带有一些特点，如“有意义的”“丰富的”“社会的”。“有意义”是指学习材料对每个学习者都要有意义，并强调学习是一个过程，学习者根据自己的经验，以自己的方式积极构建自己的心理表征。这是语言学习的本质，而语言学习往往是在师生互动的背景下进行的。

（四）环境特征：营造真实的认知情境

学习一门语言，尤其是一门外语（英语）的重点在于其运用的能力。语境认知教学模式注重建构语言和文化的背景，让学生在跨文化交流体验中掌握知识。它可以激发学生的学习兴趣，提高学习效率，在语言教学的同时也增加对文化的了解。所有情境认知和学习模式的最终目标是实现在课堂和学校之外的现实生活中应用知识和学习成果的能力，并成功地将学习成果转移到各种现实生活中，即利用在学校获得的知识来解决现实生活中的复杂问题。[②]

---

① 何少庆．英语教学策略理论与实践运用［M］．杭州：浙江大学出版社，2010.

② 孔丽芳．大学英语课堂教学艺术与应用实践［M］．北京：九州出版社，2018.

VR 虚拟教室是具备真实情境的教学设备，学生能在其中感受身临其境的语言环境，不受干扰地完成互动交流体验。研究表明，学生在真实情境中的学习比在传统活动和作业中的学习要有效得多。

（五）策略特征：自我反思与评价

每一个学习者个体都有自己的认知过程，也有自己调节这些过程的能力，不断反省、改进和监控自己的学习过程，这就是元认知。脑科学和建构主义心理学的研究表明，每个学习者都有自己喜欢的认知处理风格，所以有适合不同个体的学习策略，策略不是一成不变的，而是会随着学习主体的个人成长发生更替和变化。反思不仅能帮助学习者不断提高学习水平，修正学习过程和结果，而且还能激发他们发现新问题的能力，通过反思探索学习。它还使学习者有机会将自己与教师、专家、同伴和其他成功的学习者进行比较，从而促进了学习。

所以，教师需要为学生提供机会，让他们思考多个问题，解决不同的问题，形成多种观点，并促进反思和自评。

（六）组织特征：基于合作的学习共同体

与他人的积极互动和协作训练对语言能力的提高至关重要，是情境认知教学模式的重要特征。在情境认知教学模式中，合作是学习者完成学习任务的必要途径。因为小组活动有利于协作，非结构化领域的开放式问题解决需要协作，自我反思和评价的过程也需要协作。莫雷在其关于异步远程学习的工作中，根据互动活动在学习中的不同支持作用，将学习共同体的组成部分确定为学术支持、认知支持和人际支持。①

在以学校和课堂为基础的教育模式中，合作学习和教学是很重要的，是基于情境的认知和学习。学习者与教师、专业人员、同伴和社区成员之间不同层次的互动和合作，为学习提供了丰富的资源。此外，社区目标的一致性使社区成员能够朝着共同的目标学习，并在学习过程中相互支持和帮助，创造一个和谐向上的共享学习环境。

① 杨海娟．高校英语课堂教学改革与大学生交际能力培养［M］．长春：吉林出版集团股份有限公司，2019.

总之，教师需要教导学生如何积极合作并保持其独立性，确保每个学生了解自己的进展，与所有学生合作学习，建立合作班级和学校，并创建以语言学习为中心的学习社区。

二、基于情境认知的大学英语教学模式内容

（一）设计教学环境

谈到课堂环境，教师使用英语教学是一个基本和必要的要求。教师的英语表达应具备清晰、简洁、达意等特点，易于学生理解。如果教师的英语表达能幽默、风趣就更好了，则可以一直吸引着学生的注意力。学生如果在课堂开始时学习英语有困难，教师则需要循序渐进，坚持不懈，并给予鼓励。许多大学英语教师喜欢用“每日报告”来鼓励学生说英语和练习英语。实际上，这是提高英语表达能力和增强学生信心的有效方法。老师可以组织课前三分钟的值班时间，让学生进行各种形式的英语活动，如朗诵、演讲、唱歌、电影配音等。①

（二）设计合理的教学内容

语境影响认知，但并不能保证学习过程的顺利进行。教师需要将英语教学内容和课堂实际情境有机结合，根据课文内容设计教学环节，并增加相应的课外知识延伸。比如，《大学思辨英语教程》第四册第一课是“Self”，因为针对自我认知的心理学流派有很多，所以笔者在课堂上就采用了弗洛伊德的精神分析理论，把人的意识分为本我、自我和超我讲解，先从心理学的研究背景介绍人的本体在我们生活中所占的重要地位，以及其难以被找到的现象。老师应在教学中强调语言材料和现实世界的相关性，以达到交流思想、获得信息和解决问题的目标。

（三）设计合理的激励手段

现在有各种各样的教学工具，但在实际的情景化课堂中，各种激励性的教学工具可以起到事半功倍的效果。在英语课上，教师利用角色扮演这一重要的

---

① 何冰，陈雪莲，王慧娟．语言学应用与英语课堂教学研究［M］．郑州：黄河水利出版社，2020.

激励工具，帮助学生掌握教学内容，使学生在生动活泼的环境中轻松学习。适当的指导、辅导和建议也可以作为一种激励工具，提高学生的学习积极性，使得课堂的气氛更加活跃。

（四）设计有效的教学评价

由于教育中的评估在教学中起着关键的作用，将情境化和评估结合起来可以提高情境化的价值。通过使用情境化评估，设计真实的情境化任务和测试，尝试不同的评估方法，使评估项目多样化，并将家庭、学校和社会等教育环境中的不同元素融入其中，教师可以帮助学生发展理解、解释现实生活的能力。

情境认知理论的精髓，就是实现将情境认知理论融入英语教学，探索情境认知基础之上的英语教学模式，设计合适的教学环境、教学内容和激励工具，以及在课堂上实施有效的教学评价，这些对于提升英语教学效果都是有益的。

第三章　英语教学语言的表达艺术

第一节　英语教学语言艺术的特点与作用

一、教学语言的定义及其重要性

教学语言是教师在课堂上使用的语言，也叫教师语言。它是知识重要的物质载体，是师生交流的主要手段，也是连接师生感情的重要媒介。课堂上教师语言的质量，从某种意义上说，是一个教师个人基本素质的体现。良好的课堂语言是教师在课堂上有效教学的最低要求。掌握教学语言是成功教学的重要先决条件。

完整的教学过程是教师向学生传授知识和反馈信息的过程，也是教师与学生之间课堂互动和情感联结的过程。学生的个人成长受到老师的引导影响，教师的专业素养不但能帮助学生更好地掌握语言知识，而且也能唤醒学生的自我成长意识。当学生和老师建立起信任和尊重的关系，教师的言行举止就具备了模仿和引领作用。教师本人的自我观察习惯、分析思考方式、为人处世态度都会对学生产生较大的影响。

虽然现代教育的形式已经越来越多样化了，现代教育的方法也更加成熟，比如社会实践、实地考察、电视、电影、录像、卫星广播、互联网等，但是这些都不能取代教学语言在课堂上的作用。此外，现代教育对教师教学语言的要求更高，具有规范性、严谨性和艺术性。所以，教学语言的质量、教师的语言表达能力、思维的合理性和逻辑性、教师的语言知识，都会影响到学生的学习动机和学习效果，这些也会限制教师的主体性，并影响教师的教学水平。①

二、英语教学语言艺术及其特点

通常情况下，英语教师把教学语言作为解释知识、传递信息和教授语言的辅助工具。英语教师所使用的课堂语言是指令，是学生模仿的对象，也是学生的语言材料输入。

许多英语教师认为，教学语言就是课堂语言。教学语言分为有声语言和无声语言，课堂板书、课件内容、教师体态都是无声的教学语言。有声语言是教师使用的语言表达内容和方式，它涵盖了课堂用语。课堂用语是用来组织一堂课的各个环节的具体语言，通常有固定的句子结构，如“Class begins”“Read after me”“Class is over”等都是课堂上使用的常用语。而教学语言是指英语教学全过程使用的英语，不仅限于课堂用语。

英语教学的语言包括四个主要部分：第一，教学语言；第二，传播语言；第三，学生和教师之间的交流语言；第四，教师的反馈用语。教学语言具有针对性，对不同的学生和班级可以使用不同的语言。教师语言还应有科学性和艺术性，表述精准、逻辑清晰、有层次有条理。能做到语言优美、语调悦耳就很可能成为学生喜欢的任课教师，如果加上善于点拨、有启发性和关爱性，那将是非常受欢迎的老师了。

（一）可接受性

英语教学的语言具有模仿和启发功能。为了在课堂交流中适应学生的接受能力，英语教师需要使用学生能够理解的特定类型的英语，也就是简单、清晰、容易理解的教学语言。对于没有长期接触英语的学生，教师的语言需要适

① 高红梅，管艳郡，朱荣萍．高校英语教学创新性研究［M］．长春：吉林人民出版社，2021.

当简化，同时要带有夸张的语调，并伴有类似于母亲在孩子学习母语时使用的照顾性语言。教师的语言应以可接受性作为原则，既要满足学生的需要（如巩固和复习已经学到的知识），又要略高于学生的实际水平（如学习新知识）。①

（二）简明性

在英语课堂上，教师为了实现与学习者的交流目标，常常对自己的语言进行一定的加工和简化，用最简洁的方法去准确地传达学习者需要的知识。从理论上说，教师的语言交流应该使用最简洁的信息来传达自己的想法和意图，并正确使用语言的冗余度。一旦学习者被引入过于复杂的代码，包括冗余的信息，他们就很难接受。教师应遵循语言简单的原则，并且使用一些刻意的技巧来简化语言。例如，解释和转述可以简化复杂的表达方式，消除错误的语义，提高语言表述的清晰程度。复述也可以使得重要的信息更为突出，吸引学生的注意力，并使教师能够监督或纠正学生的错误。②

（三）阶段性

英语学习是一个长期的过程，分为不同的学习阶段。教师的教学语言也应该适应学生在不同阶段的接受水平，注意课堂语言的速度、使用的单词数量、表达结构的复杂程度和话语的难度。伴随着教学过程的扩大和学生语言能力的提升，教学语言应该达到一个新的水平。如果教学语言凝固在一成不变的模式中，停留在低水平上，那么教学就会变得非常乏味，不能体现教材大纲。所以，只要学生能够接受，教学语言就应该不断提高难度，增加新的内容，使课程对学生始终具有吸引力，始终能引发学生学习知识的积极性。

（四）实用性

在英语学习的早期阶段，如刚刚理解词汇的时候，英语教师会试图简化教学语言或使用一些照顾性的语言。当学习者的理解达到话语理解阶段的时候，教学语言应该向自然语言或标准语言靠拢，并尽量不要受到两种语言的干扰。不过，许多英语课堂上的教师还只是为了实现教学目的而使用教学语言，没有

① 郭岩．大学英语课堂教学研究［M］．北京：光明日报出版社，2016.

② 耿娟．浅析英语教学语言的特征及其运用技巧［J］．长春教育学院学报，2015（14）：58-59.

将教学语言与学生在课堂外使用英语的情况结合起来，造成课堂教学与课堂外使用的不匹配。在更高层次的学习中，教师需要使用与学生的学习和生活相关的、基于主题的自然语言。

（五）规范性

规范的语言能够阐明表述者所要表达和理解的意义。只有规范的语言才能凸显语言的美，让语言具有更强的吸引力。因此，教学语言必须是规范的，才能起到语言的示范效果。

（六）主导性

英语教师若希望学生感知、感受、联想和表达，则要对学生进行语言的引导。主导语言的强度是衡量教师引导能力的重要指标。一个成功引导学生学习的教师总是能与学生交流、对话，并且产生共鸣，营造良好的课堂氛围，调节教学的节奏，从而把学生带入课堂情境。主导的教学风格是积极的、动态的，具有暗示性的效果，就像是教师留给学生的路标一样，可以指引学生找到正确的学习之路。这使得教学活动更加顺利、更有效率、更具吸引力。

（七）讲解性

学生需要倾听、理解、消化和记录教师所讲的内容，这决定了教师的教学语言应该是说明性的。教学语言需要通过强调重要的主题、解释困难的问题和重复含糊的观点来加强。使用分析和综合、演绎和归纳、类比和比较的语言，使学生更容易理解讲解内容，达到良好的教学效果。

（八）示范性

教师是学生每天接触最多的人，他们的言行都被学生看在眼里，并在生活中下意识地模仿。教学语言对学生的知识掌握、道德品质的形成和语言表达能力的发展有着直接影响。因此，英语教学的语言对学生来说是一种示范。在教授英语时，教师必须注意不要说会对学生的思想产生负面影响的话，在组织语言的时候要慎之又慎。

（九）启发性

在课堂上，一个平庸的教师只能去讲述，而一个优秀的教师可以给人以详细的解释，做出出色的示范，给人以巨大的启发。教学语言的启发是指在教学时使用能启迪人的思维的话语。大学英语教育除了语言层面，还包括更为重要的人文知识，能让学生开智和成长的文化内容。因此，英语教学的语言应该是有意蕴的、吸引人的、发人深省的、带有启发性的。英语教师还应该注意启发式教学的深入程度。为了充分发挥教学语言的启发作用，有必要在适当的时候进行教学。①

（十）针对性

所教的科目不同，自然需要用不同的语言进行教学。在低年级，学生喜欢使用生动和富有想象力的语言，所以语言应该具体、易懂。大学英语课堂的语言质量应该是有难度的，如果持续使用简单易懂的表达，或者遇见生词就用简单词进行替代解释，那么学生的词汇量和学习能力会停留在原地。教师课堂用语应跟上学生的认知变化。

在教学过程中，英语教师必须努力使语言教学对不同类型的学生达到预期效果。对于自尊心强的和自卑的学生、核心力量强大的学生、积极爱问的学生、骄傲的和谦虚的学生，老师都要采用不同的语言方式，这样才能事半功倍。

（十一）趣味性

兴趣是指教学语言生动活泼，富有想象力，充满趣味。教师语言的趣味性可以把枯燥的学习变成快乐的活动。教师可以使自己的语言声情并茂，带着对学生的爱和对知识的激情，语音语调会自然生动起来。教师声音的变化能调动学生的注意力。教师也可以在讲课的过程中加入故事和案例，寓教于乐，多用赞美和鼓励、启发和点拨性的话语。只要用心从学生的需求出发，就能给学生一个快乐的课堂。

（十二）审美性

英语教学语言也应该是带有审美的，应该比普通大众的语言有更高的审美价值。教师可以注意一下自己的声音美，尽量保持声音悦耳、圆润，避免尖利嘶哑或过于低沉压抑。读音字正腔圆，令人愉快，语调轻重得体、升降起伏得

① 郭岩．大学英语课堂教学研究［M］．北京：光明日报出版社，2016.

当。此外，教师还要注重语速缓急适度，根据内容调整速度。除了外在的包装，更要注意内容的美，教师所讲内容应是真实、真诚、文明的，不可有低俗的内容。形式美要求英语教师在选词和修辞方面表现出极大的艺术性，而不是简单地满足于标准语言。许多具有艺术魅力的教师的语言是有美感的，并能唤起人们的情感。

教师不应该把情绪带进课堂，分析问题要针对事情，而不是针对人，以身作则教会学生如何正确地处理问题。教师着装也是教师语言的一种无声表现，衣服干净整洁，发型清爽体面，让人赏心悦目。学生也能学习到如何把自己呈现得落落大方、彬彬有礼。

第二节 英语教学语言艺术的种类与效用

一、英语教学语言艺术的种类

教学从本质上来说包含了各种技巧，完全可以说是一门艺术。不同的学者站在不同的角度，根据不同的标准对英语教学语言进行分类。

（一）根据英语教学语言的功能性质分类

1. 系统讲授语言

系统的教学语言是指在英语课堂上，教师对全班学生进行系统的讲解和传授知识的教学语言。

这类教学方法的特点如下：在教学过程中，能充分体现教师的主体性和艺术才能，教师在讲课的过程中倾向于加入自己独特的风格、个人见解和喜好偏见。学生能在 1~2 个学期内得到相对稳定的授课体验，适应老师的习惯和要求。教师也应该在相对稳定的基础上，不断完善自己的授课风格，做到内容丰富、层次清晰，有利于学生的感知、理解和记忆。

教师能认真巧妙地设计英语课堂内容，提高语言教学的艺术效果。教师能高效、高质量地完成系统讲解和传授英语技能的任务，促进学生的知识、技能和道德发展。①

2. 个别辅导语言

个别辅导语言是英语教师用来支持学生在课堂内外的个性化学习的语言。

这类语言的特点如下：尊重学生的主体性，充分调动学生的学习积极性，并考虑到学生的个体差异与个性；针对性强的教学语言和建议，便于因材施教，帮助学生了解自己的长处和短处；要尽可能适应学生的不同需要，语言要有灵活性（一般难以事先设计），以尊重为出发点，和学生建立良好的信任关系，更容易引导学生主动听从教师的指导。要有良好的激励性，善于点拨，教学要持久。教学语言要有启发性、智慧性、激励性和指导性，一起找出可以进步的好方法，养成好的学习习惯。

3. 组织协调语言

组织协调语言体现了教师掌控课堂的能力，能力承载在语言上，要提高组织协调语言的质量，还要从根本上提高教师掌控课堂的能力。协调的语言可以分为以下几类：

（1）指令语言。要清晰具体、短小精悍、亲切文明，而不是过于抽象、冗长混乱、冷漠无礼。

（2）商讨语言。应该体现民主精神，尊重学生的个人选择，鼓励学生的参与感，是真正的互动活动。

（3）衔接语言。也叫过渡语言，对于教学计划之间的联系和教学计划的转变是必要的，这样教学计划之间才不会显得缺乏联系，教学计划的变化才不会令人感到突然。衔接语言应该像珠子一样产生共鸣并贯穿始终，转合有度，这样才能将课堂组织得严谨缜密、天衣无缝。

（4）调节语言。通过适当的正面评价和负面评价，加强和改变学生的学习，调节和控制教学过程。调控语言应该是现实的和适当的，方法可以因人而异，因形式而异。

---

① 郭英剑，吴泽庆，王凯．全球化语境下的英美文学教学［M］．北京：中央民族大学出版社，2018.

（二）根据教学语言的信息流向分类

1. 单向传输语言

单向传输语言，也叫独白语言，是指英语教师在课堂上对学生进行单方交流的语言。这种类型的语言一般是说明性的，如教师在教学中给学生讲解某个知识点，或者给某个词语下定义，可以有比较、分类、比喻等方法。语言表达的过程中教师可以自我调节语速和内容，也可以精心设计方式和流程。单向传输语言一般出现在传统课堂上，需要学生认真听讲并具有适当的语言接受能力。教师的密集讲解可以为学生提供相关内容的语言示范，帮助学生学习如何表达对语言的理解和感知，发展语言能力。因为单向的语言输出经常缺乏反馈，所以教师应注意学生的眼神，观察他们的接受力。语言的有效性取决于语言艺术水平，语言的单向传递应以语言的表现力为主，只有增加语言本身的吸引力，才能激发学生接收语言的兴趣，避免学生因单调、枯燥而产生语言疲劳。①

2. 双向对话语言

双向对话式语言是指英语教师和学生在民主和友好的气氛中进行积极互动的对话的语言。这种类型的语言教学有以下特点：首先，由于语言更具有语境性，它需要教师的灵活性和机智性；其次，语言的流动有变化，这影响了语言信息的有效性；再次，语言主体（也就是教师和学生）都具有平等的地位，使他们都能够积极主动地参与进去；最后，语言信息的不断交替给教师和学生提供了互相教育和学习、共同发展的机会，帮助学生更好地进行语言实践，发挥学生思维的灵活性，提高学生的即时口语表达水平。双向对话语言在课堂上经常使用，包括问答环节、个人练习、思想交流、信息交流等。

3. 多向交流语言

多向交流语言是指英语教师在课堂上有意识地组织学生进行对话、对某个任务进行小组讨论，偶尔可以组织辩论。多项交流语言属于互动输入，包括小组成员的互动和教师与学生之间的互动。第一，教师的身份是主持人，肩负活动主持和指导评价功能；第二，英语教师的语言具有明显的支配和组织功能；

① 杨雪静．高校英语教学模式创新研究［M］．长春：吉林人民出版社，2019.

第三，语言的流动是不确定的，使得课堂的语言设计变得困难；第四，语言信息的多向流动使得课堂活动的结构呈现为一个立体的交叉网；第五，活跃的语言氛围激发了学生对语言的热情和兴趣；第六，语言信息的冲突增强了语言活动的教育效果。多向交流语言的使用需要英语教师对语言进行高度的控制和调节，通过激发兴趣、刺激思维、引导语言来达到预期的目的。①

二、英语教学语言艺术的功能

（一）英语教学语言艺术是影响学生心灵的工具

英语教学语言艺术是指教师能够创造性地使用语言的实践活动，是英语教师教学艺术的重要组成部分之一。苏联著名教育实践家和教育理论家苏霍姆林斯基说："如果语言旁边没有艺术，那么任何道德建议，无论多么伟大，都不能在年轻人的心中培养出良好和高尚的感情。"② 可以说，教师的语言是影响学生思想的不可替代的工具，教师的高水平的语言训练是合理利用课堂时间的重要前提，而且在很大程度上决定了其教学的成功，这也在很大程度上促进了学生的学习效果。显然，外国教育家也非常重视教师的语言能力。

（二）英语教学语言是英语教师最主要的教学手段

无论教学工具如何发达，都不能完全取代教师的个人素养，教师不能完全依赖视频播放，也不能照着课件读，更不能照本宣科读课文。这些都不是正确的教学方式，而是浪费学生的课堂时间。教师的个人素养体现在其对教学环节的设计、教学内容的把握和对课堂时间的利用上。学生的学习效果在很大程度上取决于教师的个人水平。教师在教学中展现的个人魅力和为保持他人的注意力而发出的言语，以及为了拉近彼此之间的关系而做出的表达，所有这些都是教学语言的一部分。

（三）教学语言艺术是影响教学质量的关键之一

教学质量是由多种因素决定的。精确、鲜明、生动、有感染力的教学语言是激发学生思维、引起学生兴趣、调动学生积极性的重要因素，对课堂教学质量有直接影响。研究数据表明，学生的积极性、主动性、学习热情、个人成长

---

① 孔丽芳．大学英语课堂教学艺术与应用实践［M］．北京：九州出版社，2018.

② 韩和明．苏霍姆林斯基的教学方法与艺术［M］．太原：山西人民出版社，2020.

都和老师的教学语言不可分割。英语教师的语言水平反映了他们的教学质量，对他们的教学效率至关重要。学生吸收知识的程度大多会受到教师讲解水平的影响。如果教师的语言有条理，学生就会更有效地学习。如果教师的表达在逻辑上是矛盾的，那么就会出现缺乏严谨、透彻、有条理的表述，会给学生的学习造成困难。当代著名美学家、文艺理论家、教育家朱光潜说过："要言之有物，如实地表情达意，就能使听众心旷神怡，美感显现，这样的语言成为一种艺术。"① 教师的教学语言的艺术水平决定了语言的感染力，而这又决定了这种语言被学生接受的程度。

（四）英语教学语言艺术能促进学生能力的发展

语言承载着思想，语言表达能力是我们内心容量的极限。教师的语言水平会影响到教师完成教学任务和优化教学效果的能力，更重要的是，它会直接影响学生的各种能力发展。

1. 影响学生思维能力的发展

英语教师高水平的语言能力是其思维能力的直接体现。高超的"口才"的根源在于超强的脑力，也就是说想要会说，先要会想。通过教师优秀的英语语言能力，学生可以了解、掌握教师的思维过程，学会如何思考以解决问题，体验思维过程的乐趣，从而激发学生的思维兴趣，提高学生的思维能力。形象的教学语言影响学生的想象力，理性的教学语言影响学生的抽象思维，英语教师诙谐的语言能影响学生思维的灵活程度，英语教师的语言视角影响学生思维的独立，教学语言也影响了学生思维的广度和深度。

2. 影响学生语言能力的发展

英语教师的语言不只是传授知识的工具，也是最明显的、有效的重要媒介。英语教师每天在课堂上的用语都会潜移默化地影响每位学生的语言习惯和行为模式。学生通过教学语言学到了秩序、理性、情感和兴趣，并逐渐对语言产生了浓厚的兴趣和灵活运用语言的能力。

3. 影响学生审美能力的发展

苏联著名教育实践家和教育理论家苏霍姆林斯基说："老师的教学语言具

① 朱光潜．朱光潜谈美［M］．成都：四川文艺出版社，2018.

有的审美性，就像是一把精美的钥匙。它能够发展情感记忆，还能渗透到大脑中隐秘的角落。”① 英语教学艺术本身可以成为一个审美对象，向学生传递审美情感，激发审美敏感，训练和提高学习者的审美创造力。

4. 英语教学语言艺术是师生情感交流的重要媒介

英语教学能够传播知识和解决问题，也是教师和学生之间的情感交流。教师和学生之间良好的情感交流对教学效率、学生心理水平的成长以及学生学习英语的兴趣都有积极的影响。心理学研究证明，任何心理活动都可以分为两个方面：智力和情感。

儿童心理学、发生认识论的开创者皮亚杰指出：“没有一个行为模式（即使是理智的）不含有情感因素作为动机。”② 情感和理性必须相互补充，协调它们的活动。教学语言是教师和学生之间进行情感交流的重要媒介。有艺术性的课堂语言能促进教师和学生之间健康的情感互动，而糟糕的课堂语言会导致教师和学生之间的恶性情感互动，从而降低教育质量。

5. 英语教学语言艺术是信息交流的主要物质载体

英语教学本质上是语言承载的信息交流互动。在师生双向的信息交流中，教师的英语教学语言对学生有着较大的影响力。英语教学的信息是复杂、多样、具体的，要使这些信息以最佳的方式进行传播，优美的教学语言是传播信息的主要材料。当英语教学语言以艺术的方式展现时，教学信息量就会激增，从而大大提高英语教学的效率，这是因为英语教学语言是学生的主要信息来源。

第三节 英语教学语言艺术的要求和语用原则

教学语言只有满足一定的要求，才能发挥其教育的功能，达成教书育人的目标。教育学理论也对语言教学提出了一些特定的要求，只有满足规范性、科

① 徐刚．高校英美文学教学理念与模式研究［M］．天津：天津人民出版社，2021.

② 王凌皓，石艳．皮亚杰·布鲁纳教育名著导读［M］．长春：吉林文史出版社，2016.

学性、简明性、交际性、情感性、教育性、艺术性等要求的教学语言，才是合格的教学用语。教学语言还应具备实用性，让学生在聆听的过程中就能学到语言的应用。

一、英语教学语言艺术的要求

英语教学语言是英语教师在课堂上用来组织教学的语言。它是一种特殊的语言系统，强调口语形式，综合运用书面语言和身体语言。教师可以用它来传达和解释知识，组织和指导课堂活动，发展智力和情感，并教育学生。它也是一种工作工具和训练学生听和说能力的方法。

英语教学是一个长期的、循序渐进的过程，它有既定的规律，也有教师自由发展的空间，既是科学，也是艺术。当一个英语教师走上讲台，等待他的是几十双期待的眼睛，教师肩负的是对年轻人的责任，将自己的知识转化为学生的知识。因此，英语教学的艺术有以下要求。

1. 正确性、规范性

英语在其发展过程中已经形成了自己的表达规范。教师用语应符合英语规范，使用正确的语音、语法和表达逻辑，不符合英语规范的语言不应该进入课堂。课堂教学时，教师的发音要清晰、规范，所有的字母、音节、意义组、韵律、句子的节奏都要读得清楚、准确。

2. 正确的音调

教师在课堂上根据内容使用不同的音调：上升的音调表示愤怒、惊讶、呼救；下降的音调表示悲伤、呆滞、难过；平缓的音调表示安静、庄重、严肃；扭曲的音调表示幽默、讽刺、挖苦。

教学不等同于报告、背诵或是单纯的记忆。所以，教师不能用平淡的语调进行表达，要学会用不同的声调来说话，才能征服学生，引起他们的情感、兴趣和注意力，并有效地管理他们的学习。

3. 易于理解和领会

在教学过程中，学生主要通过教师的语言来获取知识，理解思想和情感，掌握教学内容。因此，教学语言的清晰度和可理解性是语言教学法的最重要的要求。在英语教学中，语言的清晰性和可理解性有几个层面：

（1）用清晰的声音说话。发音要响亮，吐字要清晰，字音和咬字要分明。说话时，不要吞音，语气语调要缓和，说话的速度要适中，要有充分的停顿，意思连贯，音量能够让学生听得见。最重要的标准是学生是否能在任何情况下毫无困难地听到老师的每一个单词和音节。如果英语老师的音量太大，可能会对学生产生过大的刺激，影响学生的思维。如果英语老师的发音不正确或不清晰，学生就会不明白老师在说什么，就无法吸收老师的教学信息。在英语课上，特别是对那些刚刚学习英语的学生来说，教师的发音更要清晰，单词的发音要正确。例如，有些老师把［θ］发成［f］，把［iːs］发成［eis］，或者省略词尾，这给学生留下了非常不好的印象，会严重影响他们的听读习惯。

（2）说的内容清楚明白。①教学语言的条理清楚。教师需要对自己在课堂上讲的话有一个清晰的思路，因为这样能够让自己在教学的时候更游刃有余，能够更好地进行备课、研究教材，对如何设计课程有清晰的认识。如果教师有比较清晰的思路，教师对课程的内容和过程就有清晰的了解，能够按照设定的方向将课程的语言引入教学当中，教学语言的联系和层次也很清晰，不会出现未知的情况。②教学内容的段落清楚。每一节课的教学内容都有自己的内在逻辑，在讲解的时候，教师要注意其起承转合，有条理有层次。教师的课堂设计应结构清晰，让学生有清晰的框架感和把控感。这样，学生就能更加清楚地了解整个课程脉络，而不是仅有模糊的印象。③句子连贯，句意贯通，句子完整。教学用语的基本单位是句子，句子组成段落，一个句群阐释清楚一个要点。多个句群累加，就能阐释清楚教学内容。句群与句群之间应有清晰的逻辑关系，整堂课像一篇结构完整的文章，形成教学语篇。教学语言的篇章与论文的篇章相同。缺乏主语、谓语或宾语的句子是无法被学生理解的，而主语被省略或延续的句子也会引起歧义或理解上的困难。此外，还应注意确保句子的可理解性，不要过于复杂。教师应有意识地关注自己的话语特征，尽量表达出一个中心明确、语气一致、语义一致的句子结构。④教学语言要清楚明白地传达教学的内容。在交流、解释和介绍与学科相关的知识以及相关的技能和能力时，教学语言应该是清晰的、容易理解的。在解释术语和概念时，教师应注意使用简单、易懂的语言来解释复杂的概念。

（四）生动形象

英国杰出的诗人和学者锡德尼说过：“形象化的语言更有可能打动心灵，在心里面占据一定的位置。”① 形象化的语言能够吸引学生的注意力，把深奥的东西用简明的方式表达出来，用有趣的语言把深奥的东西形象地表达出来，达到学生能够接受的效果。

（五）与书面语、形体语相互配合

这里的书面语主要指的是板书，而形体语主要指的是教学姿势。在英语课堂上，不可能用单一的语言来表达思想或传递信息。必须配合教师特有的眼神和肢体语言来辅助语言表达，吸引学生的注意力，增加师生视线交流，鼓励学生投入活动。教师可以根据特定的课文内容，引入自己储备的知识，辅以板书，才能使教学语言生动活泼，富有想象力，易于学生理解。

（六）简洁

英国文学史上杰出的戏剧家莎士比亚说：“简洁是智慧的主要体现。”② 简洁的语言在教育中是必要的，因为简洁的语言能让学生参与其中，简洁的语言会留下知识的痕迹。简洁的前提是先撷取精华，切中要害，并给予简明的解释和评述。在教学时，教师必须分清什么是难，什么是易，什么是重要的，什么是不重要的，分别提及各内容，否则就不是简明。简化要求不重复解释、描述、比较或分析。简化就是直奔主题，不偏离主题，不使用文字。简化就是语言有重点，不重复相同的内容语言或解释的例子，不离题，不引入和主题无关的内容。教师在传达知识的时候要注意使用的语言和学生的接受能力是对接的。教师要想简明扼要地表达就不要使用长难句，因为课堂语言毕竟是口语，不要让学生在听的时候有太大的负担。在这种情况下，如果学生的讲话是简明的，那么就意味着学生的讲话是清晰的，不拖泥带水，不重复，很少有胡言乱语，也很少有无意义的插话。简洁性与正确性和规范性密切相关。

① 陈尚真．锡德尼的诗学建构［M］．武汉：武汉大学出版社，2018.

② 聂珍钊，杜娟．莎士比亚与外国文学研究［M］．北京：商务印书馆，2019.

二、英语教学语言艺术的语用原则

英语教学语言的语用原则是指英语教学中的英语使用原则，包括表达原则和理解原则。表达原则是指口语、教学和写作或修辞的原则，而理解原则是指听力和阅读的原则。

英语教学的根本任务是教师成功地运用自然英语传道、授业、解惑，同时向学生传达自己的情感，通过学生的言语活动准确理解学生的意思和感受，实现课堂上的双向交流，完成教学任务，实现目标。因此，英语教学中的语言运用必须追求语言修辞正确、规范恰当、易听易记、通俗易懂的理想表达效果，以及快速、准确、全面、透彻的理想理解效果。教学语言使用原则是英语教师成功应对教学语言的交际挑战和实现教学目标的基本准则。

（一）教学语言表达原则

（1）为确切传达教育教学信息、实现教学目的服务。不管教学语言是在英语元素的选择、英语表达方式的使用，还是在口语和交流方式的选择上，都要达到教学目的，不能偏离各科的具体教学目标，也不能片面追求教学语音的形式美，忽视内容的必要性和表达的目的性。教学英语不应偏离各科的具体教学目标。英语教学应努力采用修辞方式，使学科知识能以完整的句子准确、简明、清晰地表达出来，教师的讲话应简洁明了。①

（2）必须适应不同学生的不同特点。因材施教对教师提出的挑战很大，教师必须了解每一位学生，去启发他们，用真诚换取信任，从学生的需求出发，提供给他们需要的知识和方法。在教授一种语言时，英语教师需要注意学生理解和适当接受英语的能力。这是因为不同的学生对英语教学语言的理解能力不同。学生理解和接受语言的程度既是对英语教师语言能力的考验，也是对教学效果的直接衡量。为了使英语教学语言能够被不同的学生正确理解和吸收，必须按照“因材施教”的原则，使英语教学语言适应学生的具体情况。

（3）确保礼貌用语。将常见的人际交往礼仪，如“Please”“Sorry”

---

① 陈娟．英语教学语言的艺术化［J］．小作家选刊（教学交流），2016（31）：145-146.

"Thank you"等，都要纳入课堂。当要求别人翻书时，要说"Please turn to page..."当老师失误或迟到时，要说"Sorry"。当学生纠正教师时，要说"Thank you"。这些事情可以帮助学生养成礼貌的习惯，提升他们的个人素质。

（二）英语教学语言领会原则

英语教学中的语言互动活动是由教师表达到学生接受，再由学生表达到教师接受的活动。在这里，主要关注的是教师对学生表达的理解。

（1）强调倾听。倾听是理解的前提条件，倾听也是尊重别人的表现。教师的倾听对学生来说是很大的鼓励和重视，如果教师能在和学生交流的时候看着他们的眼睛，仔细倾听并且做出回应，那就达成了互动和交流。一个好的老师需要既能听，又能说。这也就是"听话听声，锣鼓听音"，说明了倾听的重要性。

（2）以学生的具体言语为依据。英语教师应以学生的具体语言为基础来理解语言的含义，学生想要表达的思想和情感大多都包含在他们自己的语言中。肢体语言也可以表达一些感情和意义，但它只是一种自然的语言工具，通过观察学生的语言来了解他们的思想和感情是有局限性的。以学生的具体语言为标准，意味着教师在提问和回答问题时必须理解学生所想表达的含义，并确保不出错。

第四节　英语教学的幽默艺术

一、英语教学幽默的意义

"幽默"这个词的英语对应表达是Humour。它的意思是用诙谐的修辞来表达一个意思，幽默的语言具有独特的魅力和效果，能让听的人会心一笑。幽默的语言能表达出有力的内容，也体现出使用幽默语言的人具备较好的思维能力。因为其独特的交际功能，幽默越来越受大家的欢迎。当幽默用于英语课堂，可以点亮孩子们的眼睛，活跃课堂气氛，提高教学效果。英语教学的幽默主要是指英语教师在课堂上营造乐趣的能力。① 在课堂上可以适当地使用幽默用语，主要有四个方面。

（一）松弛紧张感

幽默使我们发笑，生理学研究表明，笑声在精神上和身体上都有放松的作用。著名精神病学家威廉·弗莱·斯坦福博士说："笑的练习可以放松身体的所有主要肌肉；每天至少笑 100 次，相当于 10 分钟的划船运动。"虽然知识的获取需要专注，但是在课堂上不间断地进行 40～50 分钟的紧张学习也会让学生非常疲惫。在课堂上让学生不时地笑，有助于他们放松和更有效地学习。

（二）促进联系

幽默能起到促进人际关系的作用，可以让人与人之间更好地进行情感交流。这方面不仅适用于日常生活，而且也适用于课堂上的英语教学。一个好的老师应该能够在课堂上展现两张面孔："严师"和"益友"。虽然"严师"是许多教师的角色，但"益友"的角色也不应该被忽视。如果教师和学生能够一起享受幽默，一起欢笑，他们实际上可以更好地理解对方。如果学生对老师没有敌意，觉得课堂有趣，他们就不会感到厌烦，也就不会害怕学习英语。

（三）激发趣味性

毫无疑问，人们觉得自己的工作有趣，就会更有动力，更有成效。学生在学习英语时也需要有乐趣。教师在课堂上使用幽默用语，让学生发笑，可以使学习英语的过程更容易、更愉快。当复杂的英语句型和短语形成可笑的概念时，学生会因为被娱乐和被逗笑而对此印象深刻，他们会下意识地消化这些概念。

（四）消除厌烦情绪

心理学研究表明，长期保持同样的态度会导致无聊；如果无限期地持续无聊，即使是我们中最好的人也会变得平庸。同样，无聊也会给学生带来严重的危险。如果不加控制，那么无聊会导致学生脱离课堂，变得郁郁寡欢，注意力

① 孔丽芳．大学英语课堂教学艺术与应用实践［M］．北京：九州出版社，2018.

不集中。很明显，即使是最积极的学生有时也会在课堂上坐立不安或心不在焉。为了提振学生的精神，保持他们的积极性，教师可以偶尔发挥自己的幽默天赋，在课堂上讲笑话或有趣的故事。这样一来，学生的情绪就会得到提升，他们的学习兴趣也会在笑声中增加。①

二、幽默在英语课堂教学中的巧用

幽默在教育中也很有用，作为一名英语教师，应该充分利用。

（一）用幽默说明英美语言表达上的差异

英美两国的表达方式有很多不同之处，老师只是照本宣科的话，学生是很难学会的。教学得当，学生可以事半功倍。例如，在讲授 the first floor 这个短语的英美语言差别的时候，可以用一个幽默的故事来讲，就能让学生掌握知识点。在一家酒店，男厕所在一层，女厕所在二层。

American woman：Where is the toilet?

Chinese clerk：On the second floor.

English man：Where is the toilet?

Chinese clerk：On the first floor.

Finally，the man and the woman went to the same floor. Why?

在英国，与街道相平的楼层是 ground floor，the first floor 是 ground floor 上面的一层，也就是中文里的二楼。

（二）用幽默区别相似短语或习惯用法

为了帮助学习者理解 in a family way 和 in the family way 之间的区别，我们可以使用以下的幽默作品：

有一个法国女生来英国朋友家做客，她会一点英语但是不多，她受到主人一家热情的招待，非常感动。临走的时候，法国姑娘说：“Thank you. You made me in the family way.”。当主人听到这句话时，他们感到很不可思议。

教师进行了一番解释，学生们才明白了这两者的区别，知道了 in the fami-

① 杨海娟．高校英语课堂教学改革与大学生交际能力培养［M］．长春：吉林出版集团股份有限公司，2019.

ly way 是怀孕的意思，in a family way 是宾至如归的意思，可见两者看似相同，实则有很大的差异。

（三）利用幽默感来认识句子结构的差异

call sb. sb. 和 call sb. sth. 属于不同结构的两种句型。call sb. sb. 是谓语、宾语、宾语补语的句型结构（这里称为 A 句型），意思是“用某个名字称呼某人”；后者是谓语、间接宾语、直接宾语的句型结构，可以翻译为“帮谁叫个什么”，但有时也可翻译为称呼某人某物。教师可以用下面的例子幽默地分析两者的区别：

Tom：Call me a cab.

Friend：You are a cab.

这里 Tom 想说的是“帮我叫个出租车”，朋友戏谑他说“你是出租车”。通过这个小例子可以让学生感受到双宾语和宾语补足语的细微差别。同样的用法还有 give sb. sth. 或 make sth. sth. 。

（四）用幽默帮助学生掌握某些多义词

在教授 engage 和 marry 这两个词的含义和用法时，下面这两个幽默的故事将铭刻在你的学生脑海中。

Tom：Is your mother engaged?

Jim：Engaged? She has three children，you see!

老师解释说，be engaged 往往意味着“忙碌”或“订婚”。汤姆的问题很明显是指前者，但吉姆认为是指后者，并惊讶和愤怒地说：“订婚？她都有三个孩子了！”

英语单词也有一词多义的现象，be engaged in（doing）sth. 可以指“忙着做某事”，而 be engaged to sb. 则有“与某人订婚”之意。

Tom：Mr Smith married his daughter last week.

Joan：Why? How can it be?

Tom：Well，it was my brother John who married Smith's daughter.

老师向学生解释说，marry 包括“把……嫁出去”和“娶……”两种意思，琼以为汤姆是第二个意思，或者假装这样认为，而故意做出吃惊的样子。

英语教师在教授这个词语的用法时，用这个例子可以简明扼要地阐明它的用法，学生也可以轻松愉快地掌握。

（五）用幽默帮助学生牢记某些同音词

为了让学生掌握这些同音词，教师可以自己设计一些句子来让学生练习。见如下的例子：

Most people write with their right hands.

He threw a stone through the window.

（六）用妙趣英语句子讲授某些多义词

大多数英语单词是有多重词性和词义的。让学生孤立背诵，远不如让他们背诵一些有趣的英语句子来得有效。举例如下：

Well, it's well that the water in the well does well up so well.

A　B　C　D　E

（好啊！井水从井里涌出来的确实很好啊。在这个句子中，A 是语气词，B 是形容词，C 是名词水井，D 是动词涌现，E 是副词很好、不错。）

Don't trouble trouble until trouble troubles you.

A　B　C　D

（麻烦不来找你，你不要去找麻烦，其中 A 和 D 是动词，B 和 C 是名词。）

She said that that "that" that that boy said was wrong.

A　B　C　D　E

（她说的是那个男孩对"that"这个词的使用是错误的。这里 A 是一个从属连词引导宾语从句，B 是代词"那个单词"，E 也是代词"那个男生"，C 是一个代词"that 这个词"，D 是一个表示关系的代词引导定语从句。）

（七）用幽默强调学好语音的重要性

学生们常常忽略了学习英语语音的重要性。教师很努力地讲授，但效果并不好。教师可以用以下两个笑话来启发学生。

一个外国学生在英国学习。有一天，他对他的英国朋友说"I'm going to the sea to die."，因为发音不够准确，这句话的表面意思是"我要去死在海里"，让人迷惑不解，朋友问他为什么要死。原来他想说的是"I'm going to the sea today."（今天去海边）。这是 today 和 to die 发音不够标准而导致的笑话。

还有一个故事，在一个很隆重的场合里，一位先生说"I'm dirty，and my wife is dirty too."，让大家听完都大笑不止，使这个先生非常尴尬。实际上，他是想说"I'm thirty，and my wife is thirty-two."。由于他发音的问题，就是把［θ］读成［d］，这让人以为他说"我脏，我妻子也脏"。

（八）用幽默强调标点符号的重要性

不重视使用标点符号是学生学习英语时最常犯的错误之一。你可以用英语幽默来提醒学生要重视标点符号的使用。例如：某位国王正在准备一场盛大的宴会。新闻报道中提到"The King will wear no clothes which will distinguish him from others."，即国王将不穿与众不同的衣服。但因为印刷问题，句子中间多了一个逗号，这句话变成了"The King will wear no clothes，which will distinguish him from others."，意思是国王将不穿衣服，这将使他与众不同。由此可见，一个逗号就会使语义发生巨大的变化，让学生们知道标点符号的重要性。

三、英语课堂教学幽默运用的艺术

1. 双关语（pun）

双关语实际上是对同音字或同音词或短语的诙谐使用。英语中各种各样的单词和短语为教师提供了广泛的谐音和词汇双关语的可能性。在英语课堂上使用这些双关语，一方面可以产生幽默的效果，使学生感到快乐，从而提高他们学习英语的兴趣；另一方面，它可以帮助学生逐步学会正确使用这种英语修辞法。比如：

关于 bill 这个词的用法，可以使用这个句子做案例："I finally figured out how government works. The Senate gets the bill from the House. The President gets the bill from the Senate. And we get the bill from everything."。（我终于明白了政府的工作流程，参议院从众议院那里得到提案，总统从参议院那里得到提案，而我们从每件东西上得到的是账单。）

这个句子展示了一词多义的幽默效果，bill 既可以指议会提案，也可以指账单，所以就有了讽刺的意味在里面。

再看下面这个例句："Mr President，what kind of 'concrete assurances' would you like to see to guarantee Saddam's withdrawal from Kuwait?""Pieces of his bunker."。

这是一个虚拟的对话，每一方都明确地选择一种意义，并特别拒绝另一种意义，从而背离了语义双关的意义。记者所认为的 concrete 是"具体的"意思，而另一方则将 concrete 理解为"混凝土"。bunker（地下掩蔽所）是由混凝土制成的，当它成为碎片的时候，就意味着被炸弹摧毁。两个对话者在不同的心理状态下，选择了不同的语义，给出了不同的答案，这反映了他们各自无意识的内心状态。

2. 英文字谜（English word puzzles）

英语填字游戏是一个知识性和趣味性很强的游戏，要根据给出的线索在棋盘式填字游戏的方框内填上单词。这个游戏将趣味性和单词学习融为一体，消除了学习的单调和无聊，使英语词汇的学习变得更加容易和有趣。通过融入这种锻炼大脑的英语词汇谜题，学生可以在非常有趣、轻松和好玩的语言游戏中充分利用他们的知识。[①] 这个游戏可以系统地玩，用来强化学生的单词学习，教师可以按照一定的顺序有规划地进行，每次围绕着一个主题。一旦学生体验到获胜的喜悦和成功的满足感，就可以将英语填字游戏转移到更复杂的类型，逐渐涵盖不同的方面，如日历、食物、时间、国家、动物等。

3. 英文幽默小品（English humorous remarks）

英语幽默小品是流行的白话文学，形式上短小精悍，内容上富有哲理和娱乐性。文汇出版社有一本书《英语幽默小品》，涵盖了 82 个英语小品，教师可以拿来使用在语言教学上。幽默的例句可以活跃课堂气氛，使师生关系更融洽，增加学生学习英语的乐趣，提高学生的英语能力和理解力。比如：

（1）两位艺术家之间的对话。

First Artist：Well，old man，how's business?

① 董方芳．英语课堂中的幽默教学［J］．黑河教育，2016（4）：40-42.

Second Artist：Oh，splendid！Got a commission this morning from a millionaire. Wants his children painted very badly.

这里的 badly 可以表示很想让他的孩子画画，也可以指想让孩子画得很糟糕。

First Artist（pleasantly）：Well，my boy，you are the very man for the job.

然后，学生们知道了 badly 的两个意思，并且笑得很开心。

（2）单数和复数。

—That girl across the hall has a singular voice.

—Thank heaven，it isn't plural.

singular 有两个意思，即非凡的和单数的。听众误以为是后者，并说了相反的词，即复数，这是很不恰当的，人们只能笑。

（四）英语幽默故事（English humorous stories）

英语中充满了精彩的幽默故事，长度不一，主题各异。教师可以在班上读一些这样的故事，并要求学生回答伴随故事的问题。教师还可以抽出单词和短语，将其改写成不完整的句子，让学生根据上下文完成。为了让学生参与进来，教师还可以介绍名人逸事。如果坚持这样做并循序渐进，学生不仅会感到有趣，而且会学到更多的英语单词和短语，并在英语对话、听力理解、阅读和写作方面取得长足的进步。幽默故事可以减少或消除学生的不良情绪，降低学生的紧张感，从而增加学生学习的专注度和投入度，使其提高学习效率。

（五）英文笑话（English jokes）

笑话是指使人发笑的诙谐笑话或情况。教师平时可以有意地收集一些笑话或者脑筋急转弯，这里面有开启智慧的好创意，让人会心一笑的同时有个好心情，激活注意力，同时也能赢得人心，得到学生的喜欢。在课堂上使用英语笑话也有特殊的意义。学生们可以在笑声中了解西方不同的精神世界和生活方式，并学习到更为地道的英语。

四、英语课堂教学幽默运用的注意事项

在教育中使用幽默是有效的，而且现实中有很多形式的幽默例子可以供教

师使用。但是，有两点需要考虑：第一，选择的幽默形式应以课程计划为基础；第二，选择的幽默内容应以道德和民族观念为基础。

双关语、幽默故事和其他形式的幽默所需的时间差别很大。双关语是一个简单的句子（如 He looks like a bull in a china shop），可以使学生在几分钟内理解并笑出来。幽默的故事通常由至少两段组成，学生需要时间来理解其中的含义。在将幽默对话纳入课堂时，教师应考虑不同形式的幽默所需的时间，并尽量有效地使用它，在不打乱整个教学计划的情况下促进其实施。

同样重要的是，在课堂上使用幽默时要考虑到适当的内容。有些幽默可能会伤害他人的感情或造成尴尬，幽默里面的自嘲因素可以使用，但是要注意不要让对方听到后反感。对含有伤害性话语的幽默，教师应注意删除。只有具有适当幽默感的内容才能正确指导学生，积极支持教学，提高英语教学的质量。教师要善于利用幽默。首先，教师要注意教材的积累，备课时要有明智的设计和精心的选材；其次，教师要注意分寸，让学生在笑声中学到知识。这样英语教学的质量才能得到提高。

第四章　英语课堂教学管理艺术

第一节　英语课堂教学管理的本质

一、英语课堂教学管理的实质

美国教育学家Brophy对课堂管理的定义如下："良好的课堂管理不仅是为了使教师能够最大限度地减少不良行为，鼓励学生之间的合作，并在不良行为发生时进行有效的干预，而且也是为了使课堂始终支持有意义的学习活动，整个课堂管理系统（包括但不限于）最大限度地让学生参与有意义的学习活动。课堂的设计是为了最大限度地让学生参与到有意义的学习活动中。整个课堂管理系统（不限于教师维持纪律的行为）是为了最大限度地提高学生参与有意义的学习活动，而不仅仅是为了减少不良行为。"按照这一概念的解释，Brophy认为课堂管理是促进学生成长的事情。

换句话说，课堂管理是教师协调课堂上的各种关系，让学生积极参与课堂活动，并优化课堂环境以实现预定的教学目标的过程。①

---

① 罗毅，蔡慧萍．英语课堂教学策略与研究方法［M］．武汉：华中科技大学出版社，2011.

课堂上的英语教学是一个动态过程。在教学过程中，教师、学生和教学环境三位一体，是教育中的三个重要因素。此三者相互作用，能有效地实现教学目标。英语教学也是如此，教师应该将教学内容有效地传达给学习者，激发学习者的兴趣，使他们获得语言能力并发展适当的语言和交流技能，调动学习者的学习动机，关注学生，强调个人潜能的开发，促进师生之间和学生之间的互动，并且使用各种促进师生互动的教学管理策略。

与此同时，英语教学是一个多渠道的信息输出、接收和反馈以及信息选择、评价和强化的复杂系统。为了达到预期的教学效果，整个教学过程必须密切配合，教与学之间必须有高度的一致性。

英语课堂的掌控和管理既对教师的管理才能提出挑战，同时也能影响师生关系。好的课堂管理方式能够把学生变成老师的朋友，达成彼此的信任和尊重，这样的效果是最利于课堂教学的。根据现代教学法，学生学习的基本特征是个人化的，而且差异很大。例如，在谈到学生对学习英语的态度时，班级可以分为三大类：第一类是积极的力量和行为，这些学生有很强的学习动机，积极寻求知识；第二类是消极的力量和行为，这些学生不喜欢英语，消极或对课堂持否定态度；第三类是中立的力量，他们大多介于两者之间，享受课堂活动的进行。

具有较强管理能力的教师需要充分利用班级群体中的积极因素，采用灵活的教学方法，将消极因素转化为积极因素，以提高教学质量。

二、英语课堂教学管理的内容

（一）协调师生关系与生生关系

情绪是一个人的需求是否得到满足的内部体验。积极健康的情绪能激发学习兴趣，调动他们的学习积极性，鼓励他们主动学习，而消极的情绪则相反，不能引导学生学习。因此，教师如果能够在课堂上外显出自己对学生的关心和关爱，就能更容易地与学生构建起平等和谐的师生关系。教师是学生每天接触最多的人，真心地把自己当成学生的老师和家长，对学生的成长起着领路人的作用，也能让学生轻松地进行学习。

好的师生关系，就是建立在相互尊重、爱护、平等、民主和合作的基础上的，旨在实现师生之间和谐的心理互动状态。在这样的课堂氛围中，每个学生都能得到一定的关注，并能使学生充分发挥其个人潜能。在这样的氛围中，学生能够放下羞涩和依赖，积极表现出主动性，主动参与到学习过程中，积极发掘和探索知识，培养创新精神。课堂教学是教师和学生之间共鸣和情感互动的过程。良好的师生关系和合理的教师权威，能够帮助教师更有效地传授知识，满足学生对教师和课堂的心理预期，提高学生的学习效率。在这样的教学环境中，教师和学生相互配合，为教学做出了重要贡献。学生尊重和爱戴老师，积极接受老师的指导，对各种教学举措持开放态度，师生之间的互动关系有助于教学活动的有序进行。

（二）优化课堂环境

课堂环境是学校环境的重要组成部分之一。由于课堂上的教学情况瞬息万变，而且往往是不稳定的，因此教师必须了解这些不断变化的教学情况，并注意通过及时调整课堂环境当中的各种因素，来创造一个有序和稳定的课堂环境，以满足特定的情况。

英语教学不仅是教师单向的知识传授，而且也是一个涉及教师和学生之间密切交流的双向过程。课堂上轻松友好的气氛，能促进学生积极踊跃地发言，是英语课堂成功的重要条件。所以，教师应努力在课堂上营造积极的学习氛围，激发学生的学习兴趣，调动其学习的积极性，使学生更愿意积极地加入课堂活动，跟随老师的指令享受每一个学习的过程，积极思考克服各种学习困难和挫折，从被动学习变为主动学习。

除此以外，在课堂提问和讨论中，教师需要灵活、主动地消除冷场。教师需要主动调整教室的氛围，为学生创造一个温馨、热烈的学习氛围，从各方面激发学生的学习动力，形成师生之间的互动交流。

三、英语课堂教学管理的特点

根据学生学习的个性特征，学生是学校教育的中心，每个学生都是自己学习的主体，而教师是引导和帮助学生学习的指路人。教学是学生的主导作用和教师的主导作用的结合，也就是说，两者共同作用。在英语课的管理中，教师仍然是主要角色。一般来说，英语课的管理有四大特点。

（一）严肃性

教师是课堂教学的发起者，必须将课堂管理作为一种组织手段，以确保教学的各个环节顺利进行，完成教育的目标。这对学生提出了一定的要求，学生应遵守课堂纪律，与老师保持节奏一致，愿意接受老师的指导和反馈，不要有自私的行为。这促进了英语教学的规范化，有助于学生养成道德行为和学习习惯。

（二）民主性

在设计英语课堂时，教师和学生需要带着强烈的民主和平等意识一起进行课堂的组织工作。教师应该在教育的各个领域认真听取学生的意见，包括课程设置、教育内容的选择、实践训练的需要等。要通过与学生认真地沟通，打破传统的英语教学观念和方法，促进英语教学管理更加科学，提高教学效率。

（三）以学生为中心

在课堂教学过程中，教师不能轻视学生的主体地位，教学的目的是为学生进行服务。所以，课堂管理的目标也是为学生服务，要提高学生的学习兴趣和学习热情，为学生创造一个可以放松和享受学习的环境。因此，与传统的“以教师为中心”的课堂模式相比，现在更多的是采用“以学生为中心”的课堂模式。

（四）强调学生的非智力因素

英语是一门基础的工具性学科，需要高度重视调动学生的非智力因素，因为知识的顺序性较差，生效速度也比其他学科慢。为此，教师要充分发挥课堂主导管理者的作用，牢记学生学习的心理特点，适当调整和控制教与学的节奏。

四、英语课堂教学管理研究的方法

（一）定量研究

研究人员对外语教学和学习的研究方法有不同的分类。它们基本可以分为两种类型的研究，即定量和定性的研究，这取决于要收集的数据的类型。

根据 Punch 的说法，定量研究是收集数字数据的经验性研究，而定性研究是收集描述性数据（文字、照片、视频等）的经验性研究。在本节中，我们主要关注定量研究。

定量研究是为了得到某个特定研究对象的总体结论而进行的。它追求的是摸清情况，得到感性认识。定量研究的方法包括小组面谈、深度访问及各种技术处理手段。例如，如果我们想研究与传统方法相比，交际教学法是否能提高学生的整体英语水平，我们需要尽可能地控制外部混杂变量，如性别、年龄、学生现有的英语水平、教学条件、教学时间和教师教学水平。①

研究者如果想要测试学生的某项能力，可以通过下列方式控制一些变量：如从全校 2400 名学生中随机抽取 100 名男生和 100 名女生，测试他们的英语技能听、说、读、写。根据初步测试结果，将学生分成两个班，每个班有 50 名男生和 50 名女生；注意两个班的英语总分保持基本相同，一个是实验班，另一个是对照班。然后，有经验的英语教师将分别给这两个班上课，在实验班使用交际教学法，在对照班使用传统教学法。

在可能的情况下，尽量保持外在条件接近，如两个班的上课时间和地点不要相差太大，最好是课外学习的情况也接近。经过一到两个学期的学习，再次测试，如果两个班在一到两个学期后进行测试，实验班的总体成绩测试明显高于对照班，那么原假设就成立了。也就是说，将证明交际教学法比传统教学法更能提高学生的总体英语水平，教学方法与效果之间的因果关系也将成立。本书要收集的数据是实验班和对比班的测试结果，这属于定量研究，因为数字是可以比较和计算的。

定量研究是可靠的，其结果是非常重要的。当然，定量研究也有其缺点。例如，有很多因素会影响到英语教学的效果，很难将其全部控制和实施。例如，如果没有校长、学生、同事及其家长的理解和配合，上述实验是不可能顺利进行的。此外，由于这个实验是在严格的实验假设下进行的，在实际的课堂

① 李焱．大学英语课堂教学的理论与实践探索［M］．北京：光明日报出版社，2018.

实践中存在许多变数，使研究比较难以实施。如果任课教师对交际教学法的掌握程度不相同，加上学生的性格和年龄差异也不同，学习目标不同，教学机会不同，上述结果是否能成立？所以，需要不断检讨定量研究的结果，以便将其推广。

（二）个案研究

个案研究（Case study）是对一个或多个个体案例的深入调查，从各种渠道收集数据。个案研究是对某一个特定的个体或单位进行研究，如针对某一个外语学生、一个英语教师、某个班级、某所学校、某项语言政策或一门外语课程、某一种教学方法，或者个人特征，进行资料收集、整理和分析。个案研究一般包括如下四个步骤：首先是确定研究对象；其次是了解分析研究对象；再次是进行相关数据收集；最后是汇编和分析数据。

1. 确定研究对象

个案研究通常是调查一个特定的个人、组织或不寻常的课堂现象。例如，如果在课堂观察中，研究人员发现某个班级的学生在上英语课的时候非常活跃，每个人都充满活力，那么就有两种情况：课堂活动组织得很有条理，或者课堂脱离了老师的控制。这个现象有一点特殊时，就可以将其作为一个研究的对象进行分析。

2. 对研究对象的了解

关于研究对象的基本情况、经验背景、行为和心理特征的信息。例如，案例研究对象是一个英语课堂氛围活跃的班级时，研究者需要了解该班级所在的学校、年级、班级人数、班级男女生人数、教师分配、班委会成员、班主任的性格、学生的学习态度、英语课以及其他课程的典型行为、学生的心理性格特征分布等。①

3. 收集相关信息

有许多不同的方法来收集信息。通常来说，可以通过班级日志、课堂录音和录像、学生考试成绩、家庭作业、学习日志、成绩报告，以及通过其他方法

① 郭岩．大学英语课堂教学研究［M］．北京：光明日报出版社，2016.

(如访谈、观察和测试）来收集信息。或者，我们以有一个特别活跃的英语班为例，为了确保收集到的数据是全面和有用的，研究者应该写下班级日志，每天都需要记录重要信息。

因为在这个阶段，研究者可能对所调查的现象只有一个模糊的认识。随着调查的深入，研究者会对收集到的数据进行分析，并整理出一些关键数据。如果结果表明，一些数据/信息与被调查的现象没有密切关系，价值不大，就可以逐步缩小数据收集的范围，把重点放在与被调查现象关系更密切的关键方面。一旦研究者对所研究的现象进行了全面的描述，并对所研究的案例的发展趋势进行了分析和总结，就能够写出研究报告了。

第二节　英语课堂教学管理的意义与原则

一、大学英语课堂教学管理的意义

良好的英语课堂管理直接影响到教学的效率和质量，良好的英语课堂管理有利于课堂教学的有序进行。英语课堂管理在教育改革中起着非常重要的作用，主要体现在五个方面。

（一）确保课堂活动的顺利进行

通常来说，英语课堂上的具体教学活动主要在以下阶段进行：

（1）教师和学生交换问候语。问候语应根据英美惯例，不应使用中文。

（2）简要回顾上节课的主要内容。

（3）引入新的文本。这可以通过使用一些常见的介绍性短语来实现，如“Today we are going to study...”，也可以使用间接方法，如讲一个简单的故事(与文本有关)。

（4）新课文的教学活动，根据其目的不同，有多种教学方式。一般来说，有词汇课、句子课、对话课和课文课。词汇课在低年级可用卡通图片或自制读写卡为辅助手段，而句子的学习则以模仿训练为基础。口语对话课可以听录音、分角色扮演和预习阅读为基础，而文字课则分为整体理解、英语分割、模仿关键句型、复述句子、回答问题、小组讨论和总结。①

（5）开展一些创造性的交流活动，作为内容的补充或为下一堂课做准备，以评估学生的交流需求。

（6）复习新学的内容，检查学生的掌握程度等。

（7）布置作业以及下次课堂学习的内容。

课堂管理通过形成良好的课堂氛围，为这些活动的顺利开展创造条件。良好的课堂氛围有助于将外部控制转化为内部控制，这又使学生准备好发展自我调节的心理机制，使“外部规范”与“自我规范”协调一致，从而在很大程度上避免冲突和矛盾。所有这些都有助于课堂的顺利运行。

（二）促进课堂活动有效展开

师生之间、学生之间，以及他们与课堂环境的相互作用和影响构成了课堂互动。有效的课堂管理能促进师生之间的交流和互动，使课堂活动更加丰富和有效，使学生不仅获得知识和经验，而且还能发展思维，提高课堂上的教学效率。只有在课堂上实现良好的师生交流，才能避免课堂教学中的形式主义。

（三）培养英语交流能力

在课堂上，师生互动的本质是一种人与人之间的交流活动。有效的课堂管理能促进师生、生生互动，让学生不断用英语交流信息，沟通思想和情感，帮助学生培养有效的英语交流能力。

根据 Rivers 的说法，师生互动不仅是表达自己的想法，而且也是为了理解他人的想法。显然，表达和理解都是英语交流的重要组成部分。②

第一，师生互动和生生互动的重点是培养学生在实际语境中掌握语言知识、技能和社会功能。师生互动不仅是通过使用正确的语言习惯来进行，而且还要考虑何时、与谁，以及如何互动。英语的使用也强调学习和理解其社会功能。在英语课堂上，学生不仅要与老师和同学互动，而且要积极参与，在课堂

① 崔刚，孔宪遂．英语教学十六讲［M］．北京：清华大学出版社，2009.

② 何少庆．英语教学策略理论与实践运用［M］．杭州：浙江大学出版社，2010.

上经常用英语表达自己的观点。

第二，在真实的社会交际中，无论是口语还是书面语，理解他人的意图并能做出有效反应是前提。英语教育的目标是提高学生的交际能力，重点是正确理解语言的含义。这不仅包括字面意思，还包括在社会、文化或特定背景下的实际含义。

值得注意的是，在课堂对话中，不仅发言的学生需要理解对方的意图，而且所有参与者都需要认真倾听对方的发言。这是因为这些发言是实时变化的，教师和学生也需要相应地改变他们的想法和语言。这样一个活跃的语言环境可以提高学生的理解力，从而为交际能力的发展打下基础。

（四）为学生的持久发展奠定基础

课堂活动具有强大的生命力，因为它能发挥每个学生的个体价值。好的课堂为学生提供良好的学习环境，也是师生有效交流互动的舞台。教师可以准备丰富的教学工具和资源，开拓学生的认知视野，实现教学的趣味性和实用性。教师也可以采用缤纷多彩的教学方式，不断创新教学方法，总结经验，结合时代发展和学生需求，完善自己的教学经验。好的课堂必须具有真实有效的互动，教师应采用灵活多变的方式把学生拉入到课堂活动中。教师还应注意要公平、公正地对待每一位学生，真诚地鼓励和支持每个学生，让课堂成为学生自由快乐成长的舞台。

（五）促使教师发挥创造性与学生主动发展

英语课堂中师生关系的本质是，教师和学生作为教育的主体，不是孤立存在的，也不是相互压制的，而是相辅相成、相互依存的。因此，有效的课堂管理要求英语教师不能按照传统的教育理念和方法进行教学，而是要不断研究和调查新的教育理论。教师尽量抽出时间和所有的学生进行单独交流，了解他们的认知和专业水平及学习特点，调整自己的教学计划和课堂设计，根据学生的要求完善自己的教学方法。在这个过程中，教师可以发挥自己的创造力。同时，学生也不再仅仅是知识的被动接受者，而变成了主动积极学习的个体，在教师的指导下，在同学的配合下，能够有效地提高英语技能。因此，有效的课堂管理将教师的创造力与学生的自主成长结合起来，是现代外语教育的活力之源。①

二、英语课堂教学管理的原则

从英语教学的目标和英语教学管理的实际情况来看，英语教学管理的主要原则有六点。

（一）创造一个良好的环境

良好的学习环境让人身心放松，这也是英语课堂有效管理的一个基本前提。在物质方面，可以布置温馨亮丽的墙面，高度合适的桌椅，适合摆放书本文具的书架。在人文环境方面，营造互爱互信的沟通氛围，让学生学得舒适、轻松，从而更好地完成学习任务。

（二）课堂管理与课外管理相结合

英语教育的管理不应忽视课外管理，而应与之相结合。只有当课堂管理与学校管理、社会和家庭教育相结合，形成一个系统的管理网络时，才能取得最佳的教学效果。

（三）懂得因材施教

在设计英语课堂时，教师需要了解学生在学习和身心发展方面的共性，同时也要注意学生的个体差异。也就是说，课堂管理必须考虑到一般和个别学生的具体要求，必须针对每个学生的具体情况和个人需要制定管理方案。

（四）关爱学生

在管理课堂教学方面，教师必须对自己的工作高度负责，平等对待学生，真正做到爱护每一个学生，不要带着偏见和成见对待学生。教师的管理目标是帮助学生克服在学习过程中遇到的问题，而不是专门去管控学生。针对有生活困难的学生，或者是学习有困难的学生也要有耐心，不放弃不抛弃每一个学生。只有这样，才能创造一个和谐舒适的学习环境，建立以尊重和爱护学生为特征的良好师生关系。

（五）管理培训

英语教学的手段和要求以帮助学生拥有健康的身心为目标，培养学生树立

① 张艺宁．大学英语课堂教学理论与个案研究［M］．北京：国防工业出版社，2010.

较高的责任感和纪律性，培养学生的团队意识和集体主义精神。在学习过程中大家能够相互尊重、相互支持、互相协作。

（六）以身作则

既然榜样的力量是强大的，那么教师就需要在英语课堂管理过程中发挥模范带头作用，坚持以理服人，使用正面的事实、论据和模范的行为来引导和教育学生。

三、英语课堂教学管理的方法

（一）教学内容情境化

英语课堂上的情景教学是指教师利用语言、材料和各种辅助手段，将看、听、说融为一体，调动学生的非智力因素，创造语言环境，使学生加深对课文主题和内容的理解，完成对知识的掌握。

我国学生学习英语的障碍之一是缺乏语言环境，以及一些教学方法和教材的落后，这使得许多学生对英语学习失去兴趣，并且产生恐惧心理，影响了他们的英语水平。所以，教师需要在英语课堂上创造一个学习环境，给学生提供一个能够尽量多地接触英语、说英语的环境，这有助于培养学生的英语语感，提高学生的英语水平。

（二）教学方式交互化

英语课堂上的互动教学可以采取多种形式，包括结对子、小组讨论和辩论。在互动教学的开始阶段，教师教授课本知识的同时，也应该教会学生如何学习。教师在自己的讲解过程中要点明自己使用了什么样的理解策略。让学生能够以研究性的态度去学习，逐步提高学习的能力。这是授之以渔的过程，有助于培养学生对语言学习的兴趣和动力。

（三）教学过程艺术化

将艺术课引入英语课堂，有助于加强学生的创新意识，将美的体验和灵感融入学习活动。引入艺术课的目的是使听、说、读、写的活动变得美丽且有创意，让学生把学习过程视为一种愉快的享受。所有这些都有助于学生更有效地学习。

因此，为了提高教学质量，教师不仅要注意掌握基本的学科知识，而且要向学生传递教学之美。也就是说，教师在教学时必须努力认真，使教学语言不仅准确、深刻、富有哲理，而且平易近人、自然。教学的艺术还体现在师生互动的艺术上，教师必须以身作则。在课堂上教授英语时，教师应善用面部表情、意象和其他肢体语言工具来补充课程内容，吸引或激励学生。适当的肢体语言可以帮助传达教师和学生之间的思想感情，消除学生的顾虑，并创造一种语言无法达到的神奇效果。此外，教师可以在课堂上多用微笑来鼓励学生。①

除此以外，教师应尽量控制自己在英语课上的音量和说话速度。音量过大或过小，都会影响上课的效果，要能够保证班上每个人都听得清楚。说话速度可以根据课程的实际需要来设定。如果发现学生走神了，教师可以放慢或加快说话速度，用面部表情来提醒学生。

第三节　英语课堂教学的提问艺术

提出问题是教育过程中师生交流的重要手段，是让学生思考和回答的信号，是鼓励学生思维发展的手段和方法。在英语课堂上，为了鼓励学生积极思考，提高教学质量，教师可以就某一节课的目标和要求提出一系列问题，要求学生思考和回答。

一、英语课堂提问的意义和作用

提问和回答是英语课堂上教师和学生之间最有效的活动之一，由学科本身的性质决定，英语教学的目的是培养学生能够综合运用英语技能。根据英语教学理论，英语教学的两个主要组成部分是模仿、机械练习、语义练习、交际练习（语言实践）和真实语境中的师生交流（语言实践）。初级的英语教学活动

① 连良鹏．优化英语课堂教学探究［M］．长春：吉林人民出版社，2017.

包括各种问答练习。研究表明，在学校的所有学科中，英语学习最需要互动和交流。教师应增加提问的频率，包括提问的数量和人次。根据具体的文章内容特点和主旨大意，设计不同的问题，结合学生的生活实际，加深英语课堂提问的质量。这对提高英语教育质量具有重要意义。①

在英语课堂上正确、恰当、高频率的提问可以唤醒学生的注意力，激活学生的学习兴趣，促进注意力集中，增强记忆力，确认学习效果，促进思维的创造性，培养语言交际能力，是英语教师做好教学的重要技能。提问在英语教学中的作用有五个方面。

（一）检查已学过的知识

通过提问可以检查学习者对已学知识的理解程度，发现学习者存在的理解困难或误区。这有助于教师进行及时的反馈和帮助，巩固学习者的知识理解。恰当的提问可以检验学习者对已学知识的记忆效果，发现学习者存在的遗忘或错记情况。这提示教师需要加强记忆方面的指导与练习。综合性提问可以引导学习者对已学知识进行系统的复习和归纳总结。这有助于学习者对知识体系有整体和深入的理解，也可以检验学习者对知识的掌握和迁移能力。提问可以让教师发现学习者对某些知识点或细节的误解或错误记忆，进行及时的纠正和澄清。这有助于避免错误知识的形成，确保学习者获得准确全面的知识。通过提问的形式可以对学习者的学习效果进行评价，判断学习者对所学知识的掌握程度及存在的问题。这为教师提供学习者学习状况的反馈，有助于教师调整教法和后续的教学内容安排。

课堂提问是检测学习者对已学知识掌握情况的重要手段。它可以衡量学习者的理解、记忆与运用，检查存在的困难与误区，对学习效果进行评价，为教师的教学调整提供依据。教师需要在教学中灵活使用不同形式的提问，全面检测学习者的知识理解与运用。针对性地消除学习者的困难和误区，发现学习者的学习特点，并及时进行教学反思与改进。这也要求教师对学习内容和学习者有深入全面的理解，才能进行到位的提问与检验。

---

① 郭英剑，吴泽庆，王凯．全球化语境下的英美文学教学［M］．北京：中央民族大学出版社，2018.

（二）给学生提供参与机会，提高表达能力

在课堂上提问时，教师不仅为学生提供了一个标准的语言学习模式，而且还让学生表达自己的观点和感受，练习流畅的语言能力。老师提出的问题可以给多个学生提供表达的机会，加强学生回答问题的勇气，对提高学生的表达能力有极大的帮助。所有这些都是学习外语的必要条件，只有多加练习和表达，学生才能自信地表达自己。

（三）活跃课堂气氛，增进师生感情

课堂气氛主要是与特定的教育环境中师生关系的特点和性质有关系。传统的英语教学主要受注入式教学法的影响。满堂课都是老师说话，学生不发言，课堂非常有秩序。在课堂上，教师巧妙地运用提问的艺术，就能调动学生的学习积极性，激发他们的思维。当学生能够很好地提出问题时，他们就会进一步受到刺激。教师的课堂提问应具备多样化特征，可以围绕着教材进行，也可以结合学生的生活学习而提出。如果教师鼓励学生公开表达自己的意见，并在情感上支持他们的表达，那么教师和学生之间就会形成一种关系，这种关系会促进和谐的教学。

（四）充分发挥教师的主导作用和学生的主体作用

英语教学本质上是语言教学，而语言的作用是沟通，离不开互动。师生之间的互动和生生之间的互动都对英语的学习效果有促进作用。教师的主导作用和学生的主导作用是辩证统一的。没有教师在课堂上的提问，就没有学生的思考和回答；没有教师的启发和引导，就没有学生的主动思考，正所谓“教”是为了“不教”。如果英语教师能争取别人的帮助，多进行一些探索性的教学，提出一些能传达英语魅力的问题，并体现出自己的领导力，那么学生在和老师的互动中将会受到启发，比被动的学习接受效果更好，学生学习的积极性也更高。

（五）及时反馈以改善教学和学习

在英语课上，英语老师向学生提出各种难度的问题，可以用来了解他们对所学内容的掌握程度，了解他们的智力水平，以及他们的反应速度。教师利用课上问题的反馈来探讨原因，并及时调整教学。教师根据需要采取一定的措施，为个别学生提供个性化的教学，并为大多数有共同问题的学生提供小组教学。①

二、英语课堂提问的原则和要求

老师在英语课上的提问是实现学生在小组学习中相互支持的一种动力。它可以激发学生的学习兴趣，促进人际交往活动和学生之间的沟通，提高学生的社会意识。英语课堂上的提问应满足七点要求。

（一）目的性

每个问题都要带有一定的目的性，或者是能够引人注目，或者能够强调或刺激、引导学生思考，并且必须在总体上满足课堂目标的要求。

（二）准确性

要把握事物的本质和因果关系，探索课题的具体内容，提出大而不空的问题。

（三）条理性

从已知到未知，从近到远，从表面到里面，从那里到这里，有顺序地进行思考。不能随便乱说，提出孤立的、不合逻辑的、不相干的问题。

（四）启发性

可以启发学生的思维能力，做到由浅入深，由易到难，由认知记忆到分析思考，最后得出结论，激活学生的思维活动。

（五）多样性

在课堂目标和内容要求的指导下，创新地使用各种功能问题类别，强调发展推论性和创造性问题。创造性地使用各种句子类型，包括引起语言反应的叙述性和疑问性的句子。

（六）普遍性

问题应该为班级中所有学生设计，而不仅仅为成绩好的学生设计。难度和复杂度的比例应该是适当的。

① 杜瑞清．英美文学与英语教学［M］．上海：上海外语教育出版社，2004.

（七）选择性

根据问题的难度和复杂程度，选择不同的学生来回答。

三、英语课堂提问的类别

一般来说，“提问”一词是指所有具有问句形式或功能的教学提示。因此，我们根据英语课程的特点，将课内问题分为三种类型：课内程序性问题、文本理解性问题和现实情境性问题。

（一）课内程序性问题

在教学程序和课堂管理指导方面，这意味着执行教案，实施课堂活动，检查学生的学习情况，并确保课程步骤的自然顺序和交付。一般来说，这些问题应该短而不长，而且是不重复的。

课内程序性提问的目的可作如下分类：

（1）给予指导性的指示，如“Please open your book.”“Can you tell the difference of the two synonyms?”

（2）检查教学进度，如“Have you finished your exercise?”

（3）征求教学意见（评价），如“Do you have any suggestion? Other choice?”

（二）文本理解性问题

文本理解性问题有三种类型，分别是展示型、参考型和评估型。对文本进行事实性的、表面理解的内容问题属于展示型问题，要求学生通过短期记忆或检查文本来寻找答案。文本中没有现成答案的属于参考型问题，希望学生将自己的知识与文本中的信息相结合。需要对文本进行逻辑推理和深入思考的属于评估型问题，要求学生运用他们的语言技能对文本中的事件和观点提出自己的看法。

（三）现实情境性问题

现实情境性问题是根据真实情况、现有知识或课堂情况提出的，要求学生根据自己的实际情况来回答。例如，“Do you read in the morning?”“When did you visit your former English teacher?”在设计现实的情境问题时，教师应注意问题和课堂教学的相关性，并充分运用深究和拓展的技巧，使问题层层深入，不流于形式，与学生达成深入有效的交流。

四、英语课堂提问的艺术

（一）计划周全，思路清晰

英语教师需要调整课程内容，合理设计问题，认真思考学生可能做出的反应，并提前评估和确定如何引导和分析学生的提问和回答活动。在以目标为导向的英语课上，问题的设计应以能引导学生的道德教育和人格发展为内容。

（二）难度适当，坡度适中

由于英语学科具有阶段进步的特点，教师在提问时应考虑到语言的难易程度问题，注意提问的措辞应符合学生的认知水平、心理水平、年龄水平和实际情况（包括文化水平和智力水平），难度不能过高也不能过低。问题的构成应由浅入深，由旧到新，由易到难，让学生在回答问题中逐步克服困难，把握本质，掌握规律。例如，在复述完成时态，如“have/has gone to...”“have/has been to...”“have/has been in...”这三个比较容易混用的句型时，教师在授课的时候可以创设接近于真实的情境，通过角色扮演的方式，让学生把自己代入情景中，进行重复性操练，真正掌握它们的用法。

（三）层次清楚，针对性强

问题的设计要结合教材，在课程的关键点上重复，教师的设计要始终围绕课程内容，针对课时的具体学习目标与要求，检查学习者是否达到相关的目标要求，评价学习效果。这需要教师在设计问题前明确学习目标。问题的内容应与所学知识点和学习内容密切相关，贴近学习者的认知与生活经验。不能超出学习者的知识范围与理解能力。问题的形式可以是开放式的或封闭式的，可以是单选、多选或判断型等。教师需要根据学习内容选择适当的提问形式，切勿总是一两种形式，使学习者产生疲劳。问题的覆盖面应尽量全面，关注知识的理解、记忆、运用和迁移等各个方面。特别要注意高级思维成分的提问，如分析、评价和创造性提问。这需要教师对知识体系有整体的把握。

所以，教师设计的问题应紧密围绕学习内容，具有明确的学习导向和广泛的覆盖面。问题的形式与难易程度应对应，并可根据学习者的表现及时作出反馈与调整。这需要教师对知识与学习者有深刻的理解，方能设计到位的课堂提问。问题的设计与应用是教师教学技能的重要体现。教师需要不断总结经验，提高这方面的技能，实现教与学的有效互动。帮助不同层次的学生理解、掌握和保留所学的知识和技能，按照教师的思路理解语言现象，解决语言问题，并帮助所有学生提高学习成绩。①

（四）角度新颖，量度适宜

要考虑到学生的学习和社会生活，挑重点、抓热点、找焦点，设计问题要注重锻炼学生的思考能力，使学生有思考的空间，有思考的结果，即有感而发，有话可说，有“思考”的东西。此外，问题的不同提问方式是问题设计新颖性的具体体现。一堂课的问题并非越多越好，一定要适量，以保证学生的智力活动。

（五）面向全体，关注提问“质”与“量”

关于提问策略，“面向全体”意味着教师在提出问题后应关注所有学生，注意到每个学生的反应，并及时与学生进行互动交流，确保鼓励学生的积极参与。教师还可以利用练习，不具体指定某个学生，以 one by one，pair by pair，row by row，group by group，the whole class 等练习形式，进行提问和回答，从而增加问题的数量，扩大问题的范围。同时，教师应更加重视提问的“质量”。他们不仅要根据学生的材料和实际情况设计高质量的、发人深省的问题，还可能需要有意为学生提供思考的时间（帮助学生认真思考，拟定语言，避免错误），以便让更多的学生参与进来。

（六）变换提问主体，突出学生的主体性

在英语教学中，无论是练习还是交际活动，我们的问答方式必须实现师生双向接触、师生网络接触、生生网络接触，以促进和强化学生提问的意识。师生网络模式包括结对活动、小组活动和自由练习，这是最理想的活动形式，最

① 高红梅，管艳郡，朱荣萍．高校英语教学创新性研究［M］．长春：吉林人民出版社，2021.

能体现学生的主体作用。[①]

（七）养成良好的提问和回答的习惯

在英语课的问答活动中，重要的是整个小组都能很好地、快速地提出和回答问题，并且教师和学生之间能够进行双向互动。教师或学生应尽可能快速、大声地说话。一旦有学生回答了，另外的学生就应该仔细听，确定他或她的答案是否正确，并准备好补充或纠正。培养良好的问答习惯，实现教师和学生之间的良好沟通是非常重要的。为了节省课堂时间，增加提问次数，扩大提问范围，英语教师需要用肢体语言来控制整个课堂。一般来说，教师应该像乐队指挥一样，要求学生随时准备好回答问题，一举一动之中都能够提示学生要回答问题，并指导他们单独、集体、交替或随机回答。

（八）注意问答式的回应策略

在回答问题的过程中，英语教师一定要等学生讲完再点评，适时地纠正错误，对待错误要抱着宽容态度，并对学生及其回答进行适当的鼓励和评价。

第四节　英语课堂教学的启发艺术

一、启发式教学及其功能

随着时代的发展和社会的进步，“启发”一词也有了新的解释。如果说孔子的教学方法是“不愤不启，不悱不发”的话，那么现代感化教育已经超越了方法和技巧的层面，成为一种基于现代教学原则的普遍教学方法。其本质是尊重学生的主体性，激发学生的积极性，尊重学生的知识主体地位，激发和鼓励学生的思想，保证知识和经验的成功转化，保证民主平等的师生和教学关系。

---

① 冯桂芳．激发学生在英语课堂中对问题提问意识的培养［J］．中外交流，2017（8）：274.

启发式教育是根据学生的认识和知识水平的客观规律，充分调动教师的教学热情和学生的学习积极性，以达到教师的主导作用和学生的主体作用相结合，激发学生的求知欲。用诱导和点拨的方法，激活学生个体的思考和反应，发现学生的需求和欠缺，教给他们创新的角度和能力。启发式教育作为一种教育理念和一般的教育方法，其具有重要的功能，尤其是在以下三个方面：第一是激励功能，即能有效激发学生的学习动机，鼓励学生主动、积极、自主地学习；第二是指导功能，即可以引导学生积极思考，帮助他们获得科学的思维方式；第三是开发功能，即开发学生的智力，培养学生的能力，发挥学生的创造才能。①

二、运用启发式教学的原则

要在英语课堂上正确使用启发式教学法，必须遵循七个基本原则。

（一）以教师为主导，以学生为主体

教学不仅要充分体现教师的主导作用，启发、刺激、激励学生，也要充分体现学生的主导作用，教师需要引导他们主动探索和积极思考，使他们能够自主学习。

（二）协调发展，突出能力

教育应注重智力发展，注重提高学生的技能和知识。

（三）了解实际，因材施教

在教学时，教师要准确评估被教育者的年龄特征、身心发展规律、现有知识水平、接受能力、个人爱好等，根据实际情况，因人施教，激励发展，有问必答，因人而异。

（四）激发动机，引起兴趣

运用创新和丰富的教学内容、生动和富有想象力的教学方法以及丰富多彩的教学材料，取代传统的灌输式授课模式，充分发挥学生学习的主观能动性，使学生成为学习的主体，教师成为引导者和协助者。

---

① 王宁．英语课堂教学的有效性［J］．散文百家（下），2016（4）：67-68.

（五）确定优先事项，集中精力解决主要问题

在教学时，要分析研究其重点和难点，使系列要点清晰、条理分明、详略得当，并能在关键处找出主要矛盾，对学生进行启发。

（六）教学民主，多向传递

课堂是民主的，教师要营造一个良好的课堂氛围，可以分享各种信息，在轻松的氛围中传授知识，对学生进行各种启发。

（七）教会学习，授予方法

在教学时，教师不仅要以鼓舞人心的方式引导学生掌握知识，而且还必须以终身学习为目标教导和帮助学生学习。

三、英语启发式教学的艺术

（一）激趣寻疑术

这种教学艺术，在于要唤醒学生对问题的兴趣、探究的精神和寻找答案的欲望。正如大家所熟知，怀疑是思维的起点，也是寻找真理的关键。小的疑问导致小的进步，大的疑问导致大的进步，而更大的疑问导致更大程度的进步。有“怀疑”的地方就有“思考”，有“思考”的地方就有“质疑”，有“质疑”的地方就有“理解”。质疑会导致理解的产生。为了鼓励学生提出疑问，教师在讲课时不应解释得太详细，而应营造一个学生自己产生疑问的课堂环境。

（二）争论求异术

争论求异术就是打破单向的思维框架，打破以往的思维模式，学生的思维渠道被充分打开，思维角度灵活，思维深度逐步加深。但是，教师要善于保护学生完整的情感和其所流露的创新意识，即从理解和领悟中迸发灵感，积极肯定学生的非常规创新思维。例如，在学习 may be 句型时，可以给学生看一张用“●”画的图，并提出问题：“What do you think it may be?”然后学生可以发表自己的意见，畅所欲言。学生回答：“It may be a sun.”“It may be a mooncake.”“It may be a ball.”答案层出不穷，显然在教师创设的情境中，学生的多向性创造性思维得到了充分的发挥。

（三）欲擒故纵术

掌握“擒”这个词意味着“取得”，也就是说要取得良好的学习或教育成果，而“纵”即“予”，则意味着“给予”并使学生主动思考。课堂上良好的学习和教学成果主要取决于对教师教学作用的正确认识。运用启发式教学可以改变枯燥封闭的课堂，以学生为中心，采用各种方式吸引学生的注意力。比如，进行像朋友一样的身体接触，如友好地拍肩、鼓励地击掌等方式，教师在课堂上不再扮演单纯的教师角色。

在介绍新内容时，教师需要扮演解释者和示范者的角色。教师生动的讲解创造了一种轻松、愉快、活泼的课堂氛围，有助于学生放下紧张情绪、打开自己的心门，以更投入的状态接受教师的教学引导。在语言实践的实施过程中，教师既是指导者又是指挥者。在教师的巧妙指导下，学生的思维被带入完全开放和有序的状态。在各种形式的交际练习中，教师扮演着监督者的角色，控制练习或发现问题并给予学生建议。在重复和保持阶段，教师再次成为学生学习的好助手。教师应热情地表扬和鼓励学生的进步，耐心地分析学生的困难和问题，并就如何一步步解决这些问题给出建议。应引导学生自己解决所有问题。教师的反应不应该是传达结论和停止提问，而是进一步提出问题，以激活学生的思维，加深他们的知识。①

（四）延迟评估术

延迟评估是一种延迟对学生的想法进行评估的方式，促进学生的独立思考和创造。例如，JEFC 教材中的第二册第 39 课的课文大意是：约翰住在一栋大楼的第 15 层，但他每天下班后都会乘坐电梯到 12 层停下，然后步行走上其余 3 层。老师可以问“Why doesn't he use the lift for the last three floors?”这样的问题课文中没有给出答案信息，这时可以让学生发挥想象力。当然为了避免挫伤学生的积极性，教师不应该从这种没有给出明确答案的问题中得出结论。即使是模棱两可的问题，也最好以讨论的方式引导学生深入思考，激发学生学习的兴趣。不难想象，思想的火焰一旦被点燃，必然会超越 45 分钟的课堂，学

① 王璐，孙辉．启发与合作式教学在大学英语精读课堂的策略探究［J］．北方文学（中旬刊），2014（2）：225.

生的求知欲将势不可当。

（五）活动转换技术

这些活动为知识和经验的转化提供了实践基础。通过知觉和理性的操作，引导学生在适当的时候用手、用头、用肢体语言来表现所学知识。教师可以举办一些活动用于训练学生的语言知识，如英语配音、你猜我答等。简而言之，使用启发式方法进行教学的具体形式还有很多。教师应利用学生现有的生活经验和感知知识，唤起学生的联想，让他们能够更好地进行联系教学，能够由此及彼、由表及里。

第五章　英语课堂教学与现代网络技术的融合

第一节　现代网络技术与教育技术的发展

网络外语教学是利用互联网技术和平台进行外语教学的一种模式。网络外语教学的优势在于可以打破时间和空间的限制，网络外语教学可以通过视频、音频、图像等多媒体手段，提供包括听、说、读、写、译等多方面的语言学习资源，让学生随时随地进行自主学习，并且可以根据自己的进度和需要自主选择学习内容和方式。同时，网络外语教学也可以利用先进的技术手段，如人工智能、自然语言处理等，提供更加个性化、精准的学习体验。然而，网络外语教学也存在一些挑战和限制。例如，缺乏面对面的交流和互动，可能会影响学生口语和听力的提高；另外，网络外语教学也需要学生有足够的自律性和自主性，才能够保证学习效果。

一、网络学习环境概述

（一）网络外语教学平台

网络外语教学的基础是网络硬件和软件的设备情况，它是学习环境的重要组成部分，学习者可以在其中自由探索、自主学习。这是学习环境的物理特性，但是外语教学的过程还包含了其他非物质环境。

张红玲等认为，学习环境是指“促进学习者发展的各种支持性条件的统合”。网络外语学习环境的研究旨在对“各种支持性条件”进行研究，并探索各条件之间的关系，以对网络外语学习环境进行最优化的设计。① 网络外语学习环境研究主要包括物质和非物质环境两个方面。物质环境体现在网络外语教学平台的设计和开发上，这是科技人员的工作，教师只需要学习如何应用这些软件就可以了。非物质环境则体现在教师的教学活动和教学方法设计、学生的学习氛围和学习动机、师生关系及同学之间的人际关系等方面。

网络教学平台涵盖了管理、教学、资源库、维护与支持四个系统。

1. 管理系统

学校的技术人员负责整个网络外语教学平台的管理，包括对教室的权限设置、教师使用多媒体教室的注册登记、在教师群进行政策公告等功能。而教务管理则隶属于教务人员的职责，主要是针对学生的整体基本情况、学习情况、每学期的选修课程等具体情况进行把握；教学管理系统是学院教务领导的职责，主要包括制定并公布课程要求，把控教学内容，监控教学环节，讨论知识的重难点以及学习的阶段、步骤和教学安排等信息，以帮助学生结合实际情况制订出适合自己的学习目标和学习计划。

2. 教学系统

网络平台的教学系统负责对学院的日常教学活动进行支持。教学系统主要包括各种学习工具模块、教师之间、师生之间、生生之间的协作交流模块，以及学生的反馈和评价模块等。

3. 资源库系统

网络外语教学平台含有大量的教学资源，包括与教学有关的文字、课件、图片、影音动画、音视频纪录片等多种多样的材料。教师应多学多看，采用合适的材料应用到课堂上，也可以挑选适合学生课下自主学习的材料，对课堂教

① 周奋．大学英语课堂教学研究［M］．长春：吉林人民出版社，2020.

学进行补充。

4. 维护与支持系统

技术人员负责维护与支持网络教学平台系统，保持其正常使用，提供必要的技术支持和保证。对现存的资源库即时更新，也要关注市场变化，引进新的硬件材料和设备，以及各种新颖的 APP。

（二）网络学习环境的构建

网络学习环境的构建涉及多方面的因素，包括课程设计、学习资源、技术支持等。以下是构建网络学习环境的一些基本步骤和要点：

（1）确定教学目标。网络学习环境的设计需要明确教学目标，包括知识、技能和能力的培养目标，以及学生的评价标准。

（2）设计课程内容。基于教学目标，设计课程内容，包括课程大纲、学习活动、评估方法等。

（3）选择学习资源。网络学习环境需要提供多样化的学习资源，包括文字、图片、音频、视频等形式，以支持学生自主学习和深化理解。

（4）搭建学习平台：选择适合教学目标和课程内容的学习平台，如 Moodle、Canvas、Blackboard、雨课堂、智慧树、慕课等。在平台上建立课程主页，提供课程大纲、学习资源、讨论区、作业提交和评估等功能。

（5）选择工具支持：选择适合课程设计和学习活动的支持工具，如视频会议工具、协作工具、测验工具等，以促进学生互动和合作。

（6）提供技术支持：网络学习环境的构建需要提供技术支持，包括用户指南、技术支持人员、在线帮助等，以帮助学生和教师解决技术问题。

（7）持续改进：网络学习环境的构建是一个不断改进的过程，需要根据学生反馈和评估结果不断调整和改进课程设计、学习资源和技术支持。

目前某高校英语网络学习环境主要包括校园网和基于互联网的学习平台。校园网包括自主开发的试题库，可以让学生在课堂上进行无纸化的口试和笔试，既能大大减轻外语教师的负担，也能及时测评学生对知识的掌握程度，计算机辅助外语教学的优势得以充分发挥。除了校园网学习系统之外，互联网学习系统则具备更丰富的资源，其在线拓展学习平台和资源下载能力为配套的语言学习课程提供了强大的支撑。即使是在没有实体教室的环境中，学生也能够顺利完成特定外语课程的学习，有效补充和扩展课堂教学。

（三）网络教育资源的类型

网络教育资源主要指的是电子学习资源。电子学习资源是指以电子形式呈现的教育和学习资料。常见的电子学习资源类型包括在线课程（如 MOOC 大规模开放式在线课程）、网络学习课程、视频课程等，这些课程通常由大学、职业培训机构或独立的教育机构提供；除了在线课程，电子书籍也越来越多，这些书籍以电子形式发布，学生可以在电脑、平板电脑或手机上阅读，也可以通过在线书店或图书馆获取；视频教程可以偏重专业知识的传授和数据的整理，学生可以通过在线视频平台观看，包括 YouTube、优酷、Bilibili 等；在线论坛和社交媒体也为学生提供了一个交流学习经验和知识的平台，如微信、微博等；虚拟实验室和模拟软件可以模拟实验环境和情况，让学生在虚拟环境中进行实验和学习；还有教学中常见的在线测试和测验，这些工具可以帮助学生测试他们的知识水平和技能；其他电子资源还包括线上图书馆、学习管理系统、音频教程、博客等。具体来看，网络教育资源有三种。

1. 在线数据库

在线数据库是一种可以通过互联网访问和管理的数据库。它们通常使用云计算技术，在远程服务器上存储数据并提供基于 Web 的用户接口，以便用户通过 Web 浏览器或应用程序访问数据。在线数据库通常具有以下特点：高可用性和可伸缩性，在线数据库通常使用云计算技术，可以轻松地扩展以满足不同规模和需求的应用程序；数据安全性，在线数据库通常具有多重安全层级，包括数据备份、数据加密和用户身份验证等功能，以确保数据安全；实时数据访问，在线数据库可以随时随地访问，使得用户可以及时获取最新的数据；数据共享，在线数据库可以轻松地共享数据，使得多个用户可以同时访问和编辑同一数据，从而提高了团队协作的效率。在线数据库可以被用于各种应用场景，如企业应用、电子商务、社交网络、游戏和移动应用等。

2. 个人电子信息和商业电子信息

根据信息来源者的身份，电子信息可以分为个人电子信息和商业电子信息。个人电子信息是由个人创建、使用和共享的，如个人电子邮件、社交媒体账号、照片和文档等。这些信息通常是私人和敏感的，需要保护隐私和安全。商业电子信息是由企业或组织创建、使用和共享的，如商业机密、客户数据、财务记录和市场营销材料等。这些信息通常是商业机密或知识产权，需要受到严格的保护和控制。

3. 免费资源和付费资源

根据是否付费，电子资源可以分为两类：免费资源和付费资源。免费资源是指可以免费获取和使用的电子资源，如开放获取的学术期刊、免费的电子书籍、在线公开课等。这些资源通常由政府、学术机构、非营利组织或个人提供，目的是方便大众获取知识和信息，促进学术交流和创新。

付费资源是指需要付费购买或订阅才能使用的电子资源，如付费的学术期刊、专业数据库、电子书籍等。这些资源通常由商业出版社、在线图书馆、学术机构等提供，目的是获取利润或维持资源的运营和维护。付费资源通常具有更高的质量、更广的范围和更深入的内容，适用于专业人士和研究者的需要。

二、网络外语学习者和教师要素

网络外语学习环境中，学生的主体性非常重要。学生主体性指的是学生在学习中的积极性、主动性、创造性和自主性。在网络外语学习环境中，学生需要根据自己的兴趣、需求和学习目标选择适合自己的学习资源和学习方式，并自主安排学习时间和学习进度。同时，学生还需要根据自己的学习情况进行反思和调整，提高学习效果。学生主体性在网络外语学习环境中的具体表现包括四种。

（一）主动选择学习资源和学习方式

学生可以根据自己的兴趣和学习目标选择适合自己的学习资源和学习方式。比如，可以选择在线课程、学习平台、教育应用程序、语言交流社区等。

（二）自主安排学习时间和学习进度

学生可以根据自己的学习进度和时间安排学习进度，自主决定每天的学习时间和学习计划。

（三）自我评价和反思

学生需要对自己的学习进行自我评价和反思，发现自己的学习问题和不足，并及时进行调整和改进。

（四）积极参与学习

学生需要积极参与网络外语学习环境中的交流和互动，与他人分享学习经验和心得，从中获得反馈和指导。

总之，学生主体性是网络外语学习环境中非常重要的因素，它可以提高学生的学习动力和学习效果，使学生更加自主、自律和自信地学习外语。

网络外语学习环境对教师教学产生了重要影响：①增强教师的教学能力，网络外语学习环境可以为教师提供更多的教学资源和信息，包括视频、音频、图片、网络课件等。这些资源可以帮助教师更好地设计教学内容和活动，提高教学效果和质量。②促进教学方式的创新，网络外语学习环境可以为教师提供更多的教学工具和平台，如在线教学平台、网络课程、社交媒体等。教师可以利用这些工具和平台创新教学方式，如线上小组讨论、远程实践、协作学习等。③增加教师的教学压力，网络外语学习环境的快速发展和变化，要求教师不断学习和更新自己的知识和技能。这可能会增加教师的教学压力和工作量。④建立更紧密的师生关系，网络外语学习环境可以为教师和学生提供更多的沟通和交流机会，如在线讨论、即时通信等。这些机会可以促进教师和学生之间的互动和建立更紧密的师生关系。总体来说，网络外语学习环境为教师教学提供了更多的机会和挑战。教师可以利用这些机会和挑战，提高自己的教学能力和创新能力，为学生提供更好的教学服务。

在网络外语学习环境中，教师的教学依然非常重要。尽管学生可以自主学习和获取大量的语言资源，但教师仍然是学生的指导者和激励者，可以为学生提供个性化的指导和反馈，促进学生的学习进展。以下是网络外语学习环境中教师的一些教学方法和技能：①设计并提供优质的学习资源，教师可以为学生提供各种类型的学习资源，如视频、音频、文本、练习题等，这些资源应该是精心设计和策划的，以促进学生的学习和理解。②提供个性化的指导和反馈，教师可以根据学生的学习水平和需求，为其提供个性化的指导和反馈。这可以通过在线辅导、论坛回复、视频会议等方式实现。③鼓励学生参与互动和合作，教师可以组织各种形式的互动和合作活动，如小组讨论、角色扮演、合作写作等，以鼓励学生互相学习和合作。④使用适当的技术工具，教师应该熟悉和使用各种网络学习工具，如在线会议软件、虚拟教室、电子邮件、博客等，以促进学生的学习和互动。⑤鼓励学生自主学习和反思，教师可以鼓励学生自主学习和反思，这可以通过提供学习资源、指导学习方法和技能、鼓励学生进行自主学习和探索等方式实现。总之，在网络外语学习环境中，教师的角色和作用是非常重要的，他们可以提供个性化的指导和反馈，促进学生的学习进展，鼓励学生自主学习和探索。

网络型外语教师应该具备以下能力：①语言能力，网络型外语教师应该具有流利的口语和书写能力，能够准确地表达意思，使用正确的语法、词汇和语音。②教学技能，网络型外语教师应该能够设计并实施有效的教学计划，包括课程设计、教学资源的选择和使用、学习评估等。③技术能力，网络型外语教师应该具备使用各种教学技术和工具的能力，如在线教学平台、视频会议软件、教学游戏等。④文化意识，网络型外语教师应该具备丰富的文化知识，能够介绍目标语言的文化和社会背景，增强学生的跨文化意识和交际能力。⑤学习能力，网络型外语教师应该具有持续学习和不断更新教育技能及知识的意愿和能力，以适应快速变化的技术和教育趋势。⑥人际交往能力，网络型外语教师应该具有良好的沟通和人际交往能力，能够与学生、家长和同事建立良好的关系，有效地解决问题和冲突。

三、网络外语教学评价要素

根据评价在教学中的作用，教育评价可以分为五种类型。

（一）诊断性评价（Diagnostic evaluation）

诊断性评价主要是为了了解学生的学习状况、问题和困难。它通常发生在教学的早期阶段，以帮助教师了解学生的知识水平和学习方式。诊断性评价可以帮助教师根据学生的需求和问题调整教学方法，使学生更好地掌握知识。

（二）形成性评价（Formative evaluation）

形成性评价是一个持续的过程，旨在帮助教师和学生了解学习的进程，发现和纠正错误，并根据需要进行调整。形成性评价主要关注学生在学习过程中的表现，以便及时纠正错误和巩固学习成果。

（三）总结性评价（Summative evaluation）

总结性评价主要是在学习完成后进行的，旨在对学生的学习成果进行总结和评价。总结性评价可以通过考试、测验和项目评估等方式进行，通常用于评估学生对课程目标的掌握程度。

（四）目标导向评价（Objective-oriented evaluation）

目标导向评价是根据课程的目标和教学计划的内容来进行评价的。它强调以学生掌握的技能和知识为基础，评估教学计划是否有效，以及学生是否达到了预定的目标。

（五）综合评价（Comprehensive evaluation）

综合评价是对学生在学习过程中的多个方面进行综合评估，包括知识水平、技能和态度等方面。综合评价通常涉及多种评估方法，包括考试、作业、口头报告和课堂参与等。

目前我国大学的外语教学评估方法包括但不限于以下四种：①学生评价法，通过给学生发放问卷，让他们对教师的教学进行评价，收集学生的意见和反馈，从而了解教学的优点和不足之处。②教师评价法，教师自我评价或者由教研室、学院等部门组织的同行评价，通过对教师的教学能力、教学效果、教学态度等方面进行评价，以提高教师的教学质量和水平。③学生考试成绩，学生在外语考试中的表现是评估外语教学效果的重要指标之一。④教学资源和教学质量评价，包括教学设施、教学材料、教学方法、课堂氛围等方面的评价，以提高教学质量。在实际教学中，由于种种原因，成绩评价法和教师评价法往往占据了主导地位，因此有必要进一步探讨如何建立客观、科学的评估方法，以提高外语教学质量和水平。

基于网络和多媒体的外语教学评价可以通过以下几个方面进行考量：①教学设计，评价外语课程设计是否具有合理性和完整性，是否符合学生的需求和能力水平，是否利用了多媒体和网络技术进行教学。②多媒体教学资源，评价多媒体教学资源是否丰富、准确、易于理解和操作，是否能够满足学生的学习需求，是否能够提高学生的学习兴趣。③教学过程，评价教师在教学过程中是否能够充分利用多媒体和网络技术进行教学，是否能够充分调动学生的学习积极性和主动性，是否能够提高学生的外语口语交际能力和听说读写能力。④教学效果，评价教学效果是否能够提高学生的外语能力水平和学习成绩，是否能够提高学生的综合素质和自主学习能力，是否能够满足学生的实际需求和职业发展要求。综上所述，基于网络和多媒体的外语教学评价应该综合考虑教学设计、多媒体教学资源、教学过程和教学效果等方面，以全面评价外语教学的质量和效果，为教学改进提供科学依据。

网络环境下，学习成绩主要包括以下几个方面：①网络学习成果，指学生在网上完成的学习任务、作业、报告和论文等，包括网上测试和考试的成绩等。②网络学习行为，指学生在网络环境下的学习行为，如登录次数、访问时长、课程参与度、作业提交情况等。③网络学习能力，指学生在网络环境下获取知识、分析问题、解决问题、创新思维等能力的表现，如个人综合素质评价等。④交互表现，指学生在网络学习平台上的交互表现，如发表意见、回复他人、参与讨论、分享资源等。⑤学习反馈，指学生从教师和其他学生处获得的学习反馈，包括教师的评语、同学的评价和互动、课程评价等。这些方面的成绩综合评价可以更全面地反映学生的学习情况和能力水平，在网络学习环境下更加准确地评价学生的学习成绩。

第二节　多媒体技术在英语课堂教学中的应用

随着技术的进步，多媒体已经成为教授第二语言或外语英语的重要工具。多媒体英语教学提供了各种机会，让学生以有趣和交互的方式练习听、说、读、写等语言技能。多媒体英语教学是指利用各种媒体和技术，如音频、视频、动画、图形和交互式软件，来协助英语语言技能的教学和学习。多媒体英语教学的一些优点包括，它提供了各种多媒体内容和活动，以迎合不同的需求和学习风格。它通过提供交互式和视觉上吸引人的内容，增强学生的参与和动力。它允许自主学习、同伴协作和反馈，以及适应不同的学习节奏。它提供真实模拟的活动，使学生能够在实际情况下应用语言技能。它提供教师各种工具和资源，以提高教学和评估技巧。总的来说，多媒体英语教学提供了全面和沉浸式的学习体验，促进有效的语言习得。

一、多媒体在教育中的运用

多媒体技术是一种强大的工具，可以增强英语课堂教学的体验。以下是一些将多媒体技术融入英语课堂的建议：①互动白板，使用互动白板显示和多媒体内容的互动，例如视频、音频剪辑，图像和文本。这可以帮助吸引学生的注意力，使学习更加具有互动性。②在线资源，利用在线资源，如网站、播客和应用程序来补充课堂学习。鼓励学生在自己的时间里探索这些资源，并与班级分享他们所学到的。③视频会议，使用视频会议技术将主讲人带入课堂或与世界各地的其他班级联系。这可以帮助学生与以母语为英语的人一起练习语言技能，并了解不同的文化。④数字叙事，让学生使用多媒体工具，如视频编辑软件、音频录制工具和图像编辑软件创建数字故事。这可以帮助提高他们的语言技能，鼓励创造性思维。⑤游戏化，使用游戏和互动测验使英语学习更加有趣和吸引人。有许多在线资源可供学习语言的游戏和测验。将多媒体技术融入英语课堂可以帮助增强学习体验，以新的、有趣的方式吸引学生。

视频会议系统结合了计算机的互动性、通信的广泛性和电视的真实性；综合使用计算机图像处理、建模、仿真、传感器技术和显示系统等技术和设备，真正反映操作对象的变化。现代多媒体技术（如虚拟现实）为用户提供模拟和环境的三维表现，为用户提供一个交互式用户界面。超文本是将声音、文字、图像结合起来表达各种信息。

在传统的教育过程中，教师常常不自觉地使用不同的媒体来达到更好的教学效果。例如，在论述的同时，还可以使用实物或墙报等材料，或者利用实地考察来增强学习效果。这比传统的非电子方法有了很大的改进，但仍有不足之处，如方法单一、缺乏互动性等。随着20世纪90年代计算机多媒体技术的出现，它迅速进入教育领域，不仅是教育交流，而且它还成为实际语言教学的核心。多媒体技术的日益普及，无疑为外语学习创造了必要的技术条件。

伴随多媒体技术的发展，多媒体学习不仅扩展了它的范围，而且各种新的学习材料和新的教学方法也不断出现。多媒体还拓宽了教师和学生的视野，由多媒体技术适应的新的教育理念将改变传统的教育思想，把教育变成一个真正的知识传播、个人成长和社会发展的过程。

二、多媒体技术在大学英语教学中的实际应用

大学英语教学的多媒体模式不仅丰富了学习工具，创造了更真实的学习环境，而且大大更新了传统的教学模式，适应了新时代英语教育的要求。常见的多媒体技术的应用有以下几个方面：

（一）多媒体课件

多媒体课件是指使用多种媒体形式（如文字、图像、声音、视频等）来呈现课程内容的教学工具。多媒体课件可以通过电子设备或投影仪等展示给学生，从而增强课程的视觉、听觉和交互性体验，使学生更加活跃地参与课堂学习。

多媒体课件可以根据课程需要进行定制，让教师可以将复杂的概念以简单易懂的形式呈现给学生，帮助学生更好地理解和掌握知识。同时，多媒体课件也可以通过动画、音效和视频等形式激发学生的兴趣和好奇心，提高学生的学习动力和主动性。

多媒体课件的制作需要一定的技术和设计能力，教师可以利用专业的制作软件（如PowerPoint、Prezi等）来制作。此外，教师也可以寻求专业的多媒体制作团队的帮助，以获得更加精美和专业的课件效果。

1. 多媒体课件的制作

制作多媒体课件需要以下步骤：①确定课件的主题和目标，在开始设计前，需要明确你想要传达的信息以及你希望听众从中获得的知识或技能。②收

集素材，收集与主题相关的图片、音频、视频等素材，这些素材可以从互联网上获取，也可以自己创作。③选择制作工具，目前常见的多媒体课件制作软件有 PowerPoint、Prezi、Keynote 等，选择适合自己的工具进行制作。④制作幻灯片，根据主题内容选定相应的模板、风格，设计幻灯片的布局和配色，并添加文字、图片、图表等内容。⑤添加媒体素材，在幻灯片中添加音频、视频等媒体素材，以更好地呈现内容。⑥加入互动元素，为了吸引学生的注意力和增加学习的趣味性，制作人可以在幻灯片中添加互动元素，如题目、互动式练习等。⑦调整细节，审查和修改课件内容，确保幻灯片的流畅、一致、易于理解。⑧最后，制作人应该对其课件进行测试，以确保它能够在教室或网络上正确运行，并且能够满足预期的教学效果。

制作英语多媒体课件时需要注意以下几点：①要考虑学生的特点，包括年龄、英语能力、学习成果，以便确定学习目标，以及讲授内容的演示方式。内容、课件必须包括所讲授的内容，此外，还应为参与者提供支持材料（即工作表、笔记本或练习等）。②可视化效果，课件应该是易于阅读和浏览的，所提供的图片、视频、音频等必须具有高质量，清晰度要高，音频音质也应好，图像和音频可以帮助观众更好地理解和记忆所学的英语。③排版设计，课件排版设计应该整齐清晰、有序明确。字体、颜色、页面布局等需要注意，以免在讲解过程中分散受众的注意力。④评估和反馈，最后还需要设计一个测试，以便了解参与者的英语成绩，并且可以提供反馈，因此参与者可以理解自己在哪些方面取得了进步，哪些方面需要进一步加强。

2. 基于多媒体的课堂教学

在英语课堂上，传统的教学模式以学习课文为主。在多媒体辅助的教学情境下，教师有条件经常组织其他课堂活动以激发学生的学习兴趣、巩固所学知识，并进行模拟应用。多媒体技术具有图形、音频和视觉功能，使得语言环境变得丰富，为教师在课堂上创造各种情境提供了便利。例如，在学习美国文学史现实主义时，教师可以利用有关马克·吐温的纪录片和采访资料，更直观地呈现他的创作风格和作品主体。

在英美文学课堂上，一个普遍的现象是，教师讲解文学作品和文学史，学生则被动听课，参与课堂的方式最多是做一个 Presentation，其他便是听老师满堂课唱独角戏。如何让学生全身心投入到内容上，提高教学效果？完全依赖于教师的知识水平，靠教师的独特教学魅力和对知识的熟练把握征服学生。

但是，在多媒体辅助教学的情况下，教师可以有多种方式让学生参与到教学活动中来。如雨课堂的课上测试功能，每个学生都可以瞬间提交答案，教师可以立刻展示给其他学生，让大家进行讨论和反馈。这大大弥补了以前需要投影仪一页一页进行展示的缺陷，提高了教学效率。

3. 基于多媒体的课外活动

多媒体技术可以用于课内，也可以用于课外活动。英语是一门实践性很强的学科，如果把学生限制在课堂活动中，很难全面培养他们使用英语的综合能力。传统的英语课外活动，如英语角、英语演讲比赛和英语俱乐部，长期以来一直受到学生的欢迎，部分原因是它们对设备和技术的要求不高，而且容易组织和参与。

（1）英文原版的电影和电视剧。英文原版影视剧在英语教学中有很好的应用价值，可以提高听力，看英文原版影视剧是提高英语听力的有效方法，学生可以在观看影片的时候习惯不同口音和表达方式，熟悉日常英语和俚语。边看边记笔记能够扩展词汇，从影视剧中可以学习到很多生活常用词汇，尤其是一些口语表达和缩略语。同时也能了解文化，通过影视剧可以了解英语国家的社会文化背景知识，如节假日、习俗、时事热点等。练习口语也是重要的收获，学生可以观看同一部影视剧，然后模仿选取某些对白进行角色扮演和口语练习。获得活动的素材，教师也可以将影视剧中的视频片段、情节、人物角色等作为课堂学习的素材，设计相关练习和讨论话题。将英文原版影视剧带入英语教学中，可以达到很好的互动和语言环境的效果，提高学生的语言运用能力和学习兴趣。但教师需要精心选择和设计，与学习者的语言水平和兴趣匹配。

（2）用英语进行的专题小组活动。在以研究为基础的大学英语课程中，如听力和口语课程，教师经常用英语组建学生的主题小组，并要求他们在课堂上做主题演讲。在此过程中，学生利用各种媒体，包括互联网、书籍和报纸，来获得有关教师指定或学生选择的主题的信息，最终形成他们的主题演讲的内容。通常情况下，学生会像教师在课堂上一样，提前准备好关于该主题的PowerPoint 演示文稿，并在课后发送给其他学生。

（3）英文墙报。把英文墙报悬挂在课堂或学习场所，可以为英语学习营造语言环境，强化学习氛围。利于学生学习生词，英文墙报上常常印有很多生词和例句，学生可以随时学习和检索。特别适合视觉记忆的学习者。英文墙报可以为学生提供学习资源，带有语法知识、短语表达、常用口语等内容的英文墙报是很好的学习资源，学生可以反复浏览和记忆。有趣味的英文墙报可以激发学生学习兴趣，例如说明某个节日的习俗，介绍一位名人等。教师可以设计相关活动，让学生自己设计英文墙报，相互投票评选最佳墙报等，能够锻炼学生的英语表达能力和创意思维。英文墙报上的图片、图表、排版等视觉要素可以帮助学生进行记忆，特别是一些生词和短语的记忆。可以说英文墙报是英语课堂学习和交流的有效辅助工具。

（4）与母语是英语的外国人进行交流。和母语是英语的人交谈对学英语有很大的帮助，可以学到地道的英语表达方式和日常用语，尤其是口语表达和俚语。这些在课本中学不到的知识，可以显著提高英语水平。与母语者交流需要学生有较强的听力理解能力，才能正常对话。这是非常有效的听力练习方式，同时也可以习得不同的英语口音和说话速度。交流中能了解到母语者对某些话题或事件的看法，有助于扩展视野，提高跨文化交流的意识，这也是语言学习的重要组成部分。

（二）网络课程

网络化英语课程的出现大大拓展了英语学习的空间，为自主学习和个性化学习提供了更多的选择和便利。但也需要学习者养成良好的学习习惯以及自律，以保证学习效果。网络化英语课程的主要特征是自主灵活，学生可以根据自己的时间安排选择学习进度和时间，无须按固定的课堂时间上课。学习资源丰富，包括文本、音频、视频、图片、动画等各种媒体资源，更贴近实际语言环境。通过在线交流和协作工具进行学生互动、师生互动以及国际交流。可以按不同学生的学习进度和需求进行个性化指导，提供定制学习计划。网络课程的嵌入在线练习和评估系统，能进行自动评分和反馈，采用多种评估方式对学习者的语言能力进行动态跟踪和评估。

网络课堂真正实现了学习者中心的教学追求，线上学习环境可以充分调动学习者的主动性，学习者可以依据自己的兴趣和需求进行选择和探索，发挥学习者的主导作用。线上英语课程的主要形式有网络视频课程，以视频为主要展现形式，支持视频点播和直播。在线英语培训则提供系统的英语培训教程和学习计划，一对一或一对多的在线指导。

在线课程与线下课程可以相互结合，实现互补与提高。主要体现在以下几个方面：①课程内容，线上线下课程的内容可以相互衔接，线上提供理论学习和预习知识，线下聚焦于交互授课和应用练习。也可以线上学习语言知识，线下进行语言应用和交流。②学习进度，线上学习可以按每个学生的进度安排，线下学习需要保证大体统一的进度。两者可以很好结合，线上学习保证理论基础，线下学习再深化和稳固。③学习资源，线上课程的音视频和互动资源可以为线下课程提供支持，让课堂学习更加生动和直观。反之，线下的一些交互设计也可以运用于线上课程。④师资互动，在线教师和线下教师可以相互配合，线上解决部分理论疑问，线下针对性培训提高实践能力。学生也可以通过线上和线下两种方式与教师互动，得到更全面和及时的帮助。⑤学习效果评估，线上线下课程可以采用结合的学习评估方式，既有线上自动评分考核，也有线下人工评估。将两者结果结合对学习者的语言水平进行全面判断。网络课程与面授课程是相辅相成的关系，将两者有机结合，可以发挥互联网技术的优势，也可以保留面授的交互特点。这种“混合式学习”模式可以提供更加全面和有效的学习解决方案，满足不同学习者的需求。这也是现代教育发展的必然趋势。

三、大学英语多媒体教学中存在的问题和对策

（一）多媒体教学中存在的问题

多媒体教学作为一种新的学习工具，其自身的局限性和不恰当的使用方式也会带来一些问题。

1. 影响教师的整体教学技能

课前制作多媒体材料很耗时，教师往往会忽视对材料和教学方法的研究。

教师可能要在自己的电脑上反复调试和运行演示，使图像更加美观，文字和颜色更加丰富。由于在开发教材上花费了大量的时间和精力，教师往往没有时间去研究教材和教学方法，但找到适合教材的教学方法对他们来说至关重要。

许多教师在多媒体课堂上从头到尾都在使用多媒体材料，不管这堂课用多媒体讲授内容是否合适，是否有必要，这是目前大学英语教学中的一个普遍问题。教师在多媒体教学中的主要作用是在课堂上创造一个有利于学习的氛围，引导和支持学生的学习。如果过度依赖和盲目使用多媒体手段，会导致教师花费大量精力收集教材和展示课件，形成一种没有课件就不会讲课的情况。教师成了被计算机和课件支配的计算机操作员和课程解释者，失去了自己的个性和对课堂的控制。①

多媒体教学可以提供大量信息输入，如果教师没有针对性选择和处理，那么将很容易造成学生的信息过载，影响学习效果。这需要教师有很强的信息处理能力和教学设计技能。互动是课堂学习的重要组成部分，教师过于着重对多媒体资源的运用，忽视或减少了师生之间的互动交流，将不利于实现以学生为中心的学习理念。新技术带来新的学习活动形式，教师如果没有较强的课堂组织和管理能力，就难以有效引导这些活动，课堂秩序容易出现问题，影响学习氛围。另外，教师不具备良好的技术操作能力和应用水平，就无法发挥多媒体设备的优势，甚至会出现操作失误，这会影响教学效果，对学生产生负面影响。所以，在应用多媒体教学时，教师需要清醒认识到以上负面影响，加强对教学和学习的深入思考与把控，不被技术所主导。除技术操作能力外，更需要发展教学设计思维、组织协调能力、学习评估手段等教学技能，才能实现多媒体在教学中的有效和合理应用，发挥其应有的作用。

2. 削弱学生学习的主观能动性

多媒体教学在一定程度上可能会削弱学生学习的主观能动性。主要体现在学生很容易过度依赖教师的组织和指导，以及技术的吸引，而忽视自身的主动学习，这不利于培养学生的自主学习能力。教师过于强调传授知识，而忽视学

---

① 郭岩．大学英语课堂教学研究［M］．北京：光明日报出版社，2016.

习者的参与度的话，很容易导致学生处于被动接受知识的状态。这无法实现知识内化和提高学习兴趣。大量的视听资料输入，如果学生没有进行理解、分析和运用，就难以实现有意义的学习和深层次思考。这需要学生有较强的学习主动性，而不是简单地“接收”信息。长期被动的学习很容易养成依赖的学习习惯，学生需要外界的刺激和引导才能进行学习。而学习主动性的培养需要自我管理、自我监控等能力。简单重复的机械学习和过度依赖外部刺激，难以激发学生的学习兴趣和动机。兴趣是学习主动性的重要源泉，失去兴趣难以产生主动学习。教师需要在应用多媒体教学时，也注重培养和发展学生的学习主观能动性。两者的有机结合可以发挥更好的学习促进作用。

3. 教师和学生之间的情感交流减少

多媒体教学的使用会在一定程度上降低师生之间的情感交流。主要体现在多媒体教学中，教师和学生的直接面对面接触时间会减少，这不利于建立亲密和信任的关系，而情感交流需要这种直接的人与人之间的联系。线上交流中则有屏幕的阻隔，使师生无法进行眼神交流、表情交流和其他非言语交流。这些都属于情感交流的一部分，难以通过技术手段来实现。通过视频和语音，教师难以准确判断学生的学习状况和学习困难，提供及时的情感帮助。这需要在面对面的互动中感知学生的情感变化。如果过多使用多媒体技术手段，那么师生的重心都是课件，而不是彼此的眼神交流，会忽视一些重要的表情反应和肢体语言信息。

所以，在多媒体教学设计和组织中，教师需要注重如何发挥和提高在线环境中的情感交流，通过各种手段弥补亲身接触的不足，与学生形成良好的情感纽带，为学习创造积极的心理环境。教与学的情感基础对学习效果有着重要影响。

（二）改善多媒体教学的对策

针对多媒体技术手段在教学实践中的副作用，我们需要适时调整，始终坚持使用“以教师为主导，学生为主体，多媒体作为辅助”的教学方法。

1. 合理地运用多媒体进行教学

课堂活动需要根据学生的需求和学习目标进行调整。多媒体在大学英语教学中起辅助作用，合理地运用多媒体进行英语教学，需要注意以下几点：①明确教学目标，在使用多媒体之前，教师需要明确教学目标和学习要点，选择与之匹配的媒体手段。不被技术所主导，技术只是实现目标的工具。②媒体选择适当，教师需要选择与学习内容和学习对象相匹配的媒体形式。如使用视频进行听力教学，使用网络工具进行口语互动等。避免媒体的随意或重复使用。③注意信息量适度，多媒体教学需要控制合适的信息输入量，如果信息过载会影响学习效果。教师需要对所有展示形态的信息进行筛选与整合。

另外，活动设计要适宜，在选择多媒体资源的同时，教师需要设计引导相关的学习活动，如前后讨论、分组互动等。避免学生处于简单的接收状态，增强学习的能动性。注意师生互动，多媒体教学中，教师需要注重师生之间的互动交流，发挥教师在学习过程中的引导和促进作用。增强教师角色，多媒体教学下，教师需要转变角色，除技术操作外，更需要发挥引导、组织、激励、合作等作用。充分发挥教师的主观能动性，成为学习的促进者。同时，教师需要注重培养和发展学生的学习主动性，减少其对教师和技术的依赖，实现学生自主学习。这需要在教学设计和组织上做出相应的考量。

所以，合理运用多媒体进行英语教学需要教师在选择技术工具的同时，更注重对学习内容与活动的精心设计；需要在利用技术的同时，更加注重师生互动；需要在应用新技术的同时，不忘培养学生的学习主动性。只有做到技术应用与教学相结合，才能充分发挥多媒体在英语教学中的作用，实现优质的教学效果。

2. 培养学生独立学习的能力

多媒体教学环境下，培养学生独立学习的能力至关重要。教师需要设计开放的学习任务和学习环境，鼓励学生进行自主学习、自我管理和自我监控。引导学生根据个人情况制定学习计划和学习步骤等。这可以培养学生的自主学习能力。多媒体教学需要增加学生的参与度，设计互动交流的机会，增强学习主动性，使学生成为学习的主体而非客体。发挥学生的主观能动性，培养主动学习的态度和习惯。

培养思辨能力，教学活动需要引导学生对所学知识进行理解、分析和运用，而不仅仅停留在接收信息的层面。这需要学生有较强的思考和判断能力，才能实现知识的内化和迁移。激发学习动机，多媒体课件和活动需要具有趣味性和实用价值来维持和培养学生的学习兴趣，产生持续的学习动机。教师需要指导学生利用各种网络学习资源，如电子图书、学习网站、学习社区等。学会选择和管理这些资源，这也是独立学习者必须具备的重要能力之一。教师需要培养学生进行自我评价和互评的能力，而不仅是依赖教师评价。这需要学生能够根据学习目标和标准对学习进行监测和评价，采取必要的调整措施，这是独立学习的高级阶段。教学设计需要逐步减少对教师的依赖，使学生能够根据学习需求进行自我调节和补充。但同时也需要教师的指导来避免学习偏差，最终实现相对独立的学习。

所以，要培养多媒体环境下学生的独立学习能力，教师的作用至关重要。教师需倡导独立学习理念，创建开放学习环境，引领学生进行自主学习，并给予必要支持和帮助。逐步培养学生的主动性、思考能力、资源管理能力和自我监控能力，这些都是实现独立学习的重要条件。

3. 及时沟通和反馈

多媒体英语教学中，师生及时沟通和反馈至关重要。它可以帮助教师及时了解学生的学习情况，作出相应调整；也可以帮助学生得到学习困难的及时答疑和帮助。教师需要建立定期的在线答疑互动机制，如在线办公时间、专门的学习交流平台等。这可以为学生提供及时的沟通渠道，寻求学习帮助。教师需要及时对学生作业、学习日志、学习档案等进行检查和反馈。不仅包括总体性意见，而且也需要针对个别学生的具体问题作出指正或答疑，针对学习态度给予必要的鼓励或提醒。教师需要关注每位学生的具体学习情况，提出针对性的反馈意见和学习建议。这需要教师通过多种手段，如网上答疑、电话联系等与学生保持密切沟通。这也是多媒体教学的难点与挑战。教师需要在完成一定学习内容后组织及时的学习讨论，听取学生的学习感受、困难和体会，作出解释或提出“进一步思考”的问题。及时的讨论可以帮助学生厘清学习中的疑团，提高对知识的理解。教师需要通过各种方式鼓励和提倡学生经常提出问题，加强学习互动。这需要教师在讲解、互动和再反馈中，都体现出一定的开放和包容态度，营造宽松的提问氛围。在学习反馈和互动中，教师需要根据学生的学习情绪进行必要的情感疏导，给予鼓励和支持，特别是在线上学习的环境中，有助于保持学生良好的学习信心和学习态度。

在多媒体英语教学中，及时的师生沟通与反馈起着举足轻重的作用。它可以帮助教师全面了解学习情况，及时进行引导；也可以帮助学生解决学习中遇到的困难，得到情感支持。这也是教师发挥主导作用，完成教学目标的重要手段。

第三节　网络环境下的英语课堂教学

一、网络环境下的外语学习行为

在互联网络时代，在线学习如火如荼，外语学习也在其中，它具有在线学习的一般性质。在线环境下的学习行为可以归结为三种主要类型，它们之间有着密切的联系。

（一）信息收集加工

在线英语学习者在信息收集加工中需要考虑的具体事项包括但不限于以下几个方面：①选择合适的英语学习网站，教师需要选择权威和适合学生自身英语水平的学习网站，如 BBC learning English、VOA learning English 等。这需要对不同网站的信息质量和学习难度进行评估。②确定搜索关键词，根据学习主题或任务确定合适的英语关键词或词组进行搜索。这需要对学习内容和搜索方式有清晰的认识。③辨别信息类型，搜索到的信息包括新闻报道、论坛讨论、博客分享、词典释义、Wiki 知识等不同类型，需要判断信息与学习主题的相关性，这需要对不同信息类型的特征有所了解。④考量信息难易程度，信息的难易程度直接影响学习者的理解和运用。学习者需要根据自身英语水平选择难度适宜的信息资源。这需要对自身语言水平有较为准确的判断。⑤注意信息的权威性，网络信息的权威性参差不齐，学习者需要注意信息来源的权威程度，如官方机构发布或专业人士编撰的信息更具参考价值。这需要一定的信息鉴别能力。⑥理解核心信息，从搜索到的信息中提取关键词、关键句和主题句来理解其核心信息和要点。这需要具备较强的英语阅读理解能力和概括归纳能力。⑦对信息进行评价，不仅需要理解信息，而且需要对信息内容进行评价，判断信息的合理性、准确性和完备性。这需要有相应的批判性阅读能力。⑧总结并运用，将理解和评价后的信息进行归纳概括，并将其与已有知识进行关联，在实践中进行运用。这需要良好的知识内化和迁移能力。

在线英语学习者需要在具体信息收集与加工过程中，发展和运用以上多种技能。不断实践和提高，逐步培养学习者的自主学习能力、信息判断能力和知识迁移能力，一定的英语语言水平也是实现有效信息加工的重要前提。教师也需要在学习任务或项目中，引导学习者进行信息的收集、鉴别、理解和运用，目的是培养学习者的相关技能与能力。

（二）人际沟通

人际沟通在线上英语学习中发挥着重要作用，它主要体现在以下几个方面：①师生互动。教师和学习者通过邮件、视频会议、学习社区等进行及时的互动交流，有助于学习者得到学习指导、疑难答疑和情感支持，也有助于教师全面了解学习者的学习状况。学习伙伴合作中的沟通，学习者可以在学习社群或学习小组中找到学习伙伴，进行英语口语练习、交流学习体会、共同完成学习任务等。这有助于学习者主动使用语言，也可以产生互助互动的学习氛围。②导师辅导。学习者可以选择和自己英语水平相近或更高的导师进行一对一的交流与学习辅导。导师可以提供定制化的学习帮助和建议，学习者需要具备一定的自主选择适合自己的导师的能力。两个英语学习者可以结对进行口语练习，相互监督学习计划的实施情况，分享学习资料等。这种一对一模型也有助于维持学习动力和学习的有效性。

在线学习英语没有环境的限制，可以向以英语为母语者询问，学生可以通过各种软件工具与以英语为母语者进行语音或视频交流，提高英语听说能力，也可以就学习和使用英语提出问题。在线学习能提供相对真实的语言环境和与母语者交流的机会。学生还可以参加各种在线英语学习活动，如英语沙龙、主题讨论、英语竞赛等。有助于学习者与更多人进行交流互动，在交流中不断练习和提高英语应用能力。在人际交流的不同形式中，学习者需要恰当表达自身的情感，如学习兴趣、学习困难、互动体会等。

所以，英语在线学习者需要通过多种方式与不同对象进行人际沟通与互动。这有助于学习者主动运用语言、建立学习责任感、得到学习支持与帮助、提高学习信心和获得学习动力。人际交流是实现有效在线学习的重要保证。教师也需要在教学设计中创设机会，鼓励和推动学习者开展不同形式的人际交流，并给予必要的组织引导。这可以成为提高学习者语言应用与交流能力的重要手段。

（三）问题解决

基于问题的探究活动可以有效地应用于在线英语学习中。教师需要设计与学习者生活密切相关的真实问题来引导学习活动。这比直接传授知识更能激发学习者的学习兴趣，也更贴近语言的真实应用环境。为解决问题，学生需要运用语言进行讨论、调查、报告等活动。这个过程为学生提供了大量实际运用英语的机会，有助于知识和技能的内化。解决问题需要理解问题、分析问题、提出假设、寻找证据和论据等思维活动。可以培养学习者的分析推理能力、创新能力和批判性思维等。基于问题的学习更有利于学习者发展自主学习能力和主动解决问题的态度。学习者需要自行规划探究步骤和分工，对学习成果负责，这也增强了学习的实效性。

此外，解决问题的过程往往充满挑战，但最终解决问题会带来成功的喜悦感。这种成就感和成功体验，有助于学习者建立自信，并产生持续学习的动力。探究活动往往需要小组合作与交流。学习者需要就问题展开讨论，达成共识，分配任务等。这可以培养团队合作精神和交流能力。进行问题探究时，学习者需要运用信息技术进行信息搜索、收集、分析和展示等。

所以，基于问题的探究活动可以成为在线英语学习的重要组成部分。它可以提供真实的语言应用环境、激发学习兴趣、发展思维能力、增强主动性和责任感。它还可以促进合作与交流，体验成功乐趣，并学习技术应用等。教师需要在教学中设计问题情境和任务，推动和引导学习者进行探究，达到语言运用与技能培养的目的。与直接教授知识相比，这种教学模式更能实现有效和全面的学习。

二、网络环境下的外语学习模式

（一）自主学习

网络环境为英语自主学习提供了得天独厚的条件。网络上有大量的英语学习资源，如电子书、录音、视频、软件、学习网站等。学习者可以根据自己的需要自由选择和利用这些资源。网络提供了各种交流工具，学习者可以选择与母语者或其他学习者进行交流与互动，练习说和听的能力。这也满足了自主学习者获得语言输入的要求。网络环境可以满足学习者个性化的学习需求，学习者可以选择适合自己学习风格和进度的学习资源和学习方式。这也方便学习者进行自我管理和监控。网络打破了学习的时空限制，学习者可以随时随地进行学习，这也增加了学习的自由度和自主权。但同时也要求学习者具有较强的学习自律性。

学生可以利用网络选择和获取不同形式的学习支持，如参加在线学习社群、选择在线导师、与学习伙伴配对等。这可以弥补自主学习中失去的学习动力和学习关系。网络环境提供了多种学习评价手段，学习者可以通过在线测试、学习档案、导师或同伴评价等方式对学习进行自我监控和评价。这也是发展自主学习必须具备的重要能力。网络使学习者有机会参与各种协同学习活动，如学习项目、主题讨论等，有助于自主学习者建立学习动力，培养团队合作精神和交流能力。

网络为英语自主学习创造了支撑性环境和开放机会，但同时也要求学习者必须具备较强的自主管理能力、学习责任感和技术运用能力，才能有效利用网络实现自主学习。教师也需要在教学设计中为学习者提供适度的学习引导与支持，帮助学习者培养自主学习的素质和技能。自主学习与教师教学的有机结合，才能发挥网络环境的最大优势，实现英语学习的最佳效果。教师作为引导者和帮助者而存在，而非控制者。

基于自主研究的网络外语学习是网络外语学习中出现的一种新的创新。它指的是在教师的指导下，通过互联网获得知识并在实践中使用的一种教育方法，如同科学研究一样。在在线外语学习中，它是一种独立的学习方法，可以在语言学习的高级阶段使用，分为以下几种形式：

（1）任务型探究。即在教师的指导下，以任务的形式呈现给学生，学生利用互联网搜索资料，解决实际问题，完成既定的学习任务。

（2）专题研究。学习者通过互联网对一个或多个结构化的主题进行独立的、基于研究的学习。在这种方法中，主题是学习的核心，互联网是学习工具，关于主题的结构化内容是学生研究的主要对象。

（3）定向研究。是在既定的学习目标框架内，以互联网为工具，对学习目标进行探索和实践的过程。学习目标是基于研究的自主学习的出发点和归宿，是学习的指导力量。

目前英语自主学习方法的实践也存在一些问题，需要教师和学生共同努力，不断完善提高。

（二）合作学习

20 世纪 70 年代初，“合作学习”的概念在美国出现，从 20 世纪 70 年代中期至 80 年代经历了重大的发展。现在，它已经发展成为一个独立的理论体系，在教育实践中被广泛使用，并引起学术界的关注。合作学习以当代社会心理学、教育社会学、认知心理学和现代教育教学法为理论基础和实施手段，以课堂上人际关系的发展和利用为基础，以目标制定为前提，以充分互动和合作为主要动力，以讲授为主要结构，以小组活动为主要学习形式，以小组合作为评价标准和尺度，旨在提高学生的综合成绩，改善课堂的社会心理氛围，培养良好的心理和社会技能。

合作学习是一种教学活动，它以学习小组作为促进学生学习的动态因素的主要互动形式，以小组工作作为共同实现学习目标的评估标准。合作学习对外语教学可以有效地发挥学习者个体学习能力之外的集体优势，实现互学互动与共同提高。它还可以增强学习意识、责任感与动力，培养协作与交流能力。但是，它也依赖学习者的合作态度与团队意识，教师需要在分组和管理中发挥重要作用。

合作学习为网络环境下的在线学习与交流提供了很好的学习模式，教师应在教学设计中为学习者创设合作学习的机会。这有助于更全面地提高学习者的综合素养。增加跨文化意识，有助于培养学生的批判性思维能力，有助于引导学生从依赖到独立。

互联网为学习者提供了一个真实的语言环境，消除了同一母语的学习者过于依赖母语的可能性，使他们走出了外语学习的课堂环境，便于随时随地与世界各地的外语学习者和目的语的母语使用者进行交流。互联网还有助于培养学生的跨文化意识和社会技能，以尊重他人和不同的意见，发展更高层次的分析思维能力，并引导他们从相互依赖走向独立。通过互联网共同学习外语，不仅有助于营造积极的情感环境，而且还能使学习者在执行有意义的任务时产生和理解语言，从而提高学习效率。

合作学习过程通常分为五个阶段：小组准备、研究、分享和交流、展示、反思。对于语言协作学习，尤其是网络环境下的语言合作学习，一些学者提出了适当的协作学习过程，大致可以分为以下几个阶段：组织准备、信息收集和共享、成果展示和整体评价。

（1）组织准备阶段。由于传统的教学模式（以教师为中心的教学模式）的影响，学生常常无法立即适应这种学习方法。所以教师需要做相应的准备，让学生提前练习在线协作学习外语所需的各种技能。在提供学习任务时，教师还应该对学生进行分组，使小组成员在兴趣、能力和成就方面具有不同的优势，以便每个人都能各取所需，使他人受益。然后，小组讨论并提出一系列的想法，最终制订出一个有明确角色和责任的学习计划。

（2）信息收集和共享阶段。在这个阶段，小组成员单独收集信息，并交换信息以共享资源。交流主要是通过当面、电子邮件或在线聊天的方式进行。小组成员对收集到的信息进行整理、分析、修改和总结，最后汇集所有小组成员的意见，形成学习任务的最终成果。

（3）成果展示阶段。每个小组在网上向班级其他同学展示本组的工作，听取其他小组的反馈和建议，每个小组根据反馈意见完善本组的工作。

（4）整体评价阶段。这一阶段涉及对所有在线协作外语学习活动的分析回顾。在面对面或电子邮件的交流中，学习小组成员考虑他们从活动中获得了什么，他们对小组做出了什么贡献，分析他们小组与其他小组相比的优势和劣势，以及他们如何改进他们的活动。

（三）协作语言学习

计算机辅助语言学习，是指使用计算机技术（特别是多媒体和网络技术）来帮助和支持语言的协作学习。它代表了两种趋势的融合：计算机技术和新的学习方式的融合。学习者以小组为单位，以计算机为工具，相互合作、相互帮助、完成学习任务，实现共同的学习目标。计算机的使用使学习者能够跨越时间和空间进行协作学习，这是以前通过面对面学习所不具备的优势。

协作学习的好处是，小组成员通过交流和合作，往往能学到更多的知识，保留更长时间；他们学会批判性思考，培养发现和解决新问题的能力；他们培养社会交往能力和积极的学习态度，维护良好的社会关系。

其他研究人员也研究了合作语言学习的情感方面，调查了好奇心和信心等情感因素，以及控制和合作者之间的关系。

基于在线外语学习的主要理论——建构主义理论、认知学习理论和人本理论，研究人员专门研究了计算机多媒体网络环境下的英语协作学习模块。这个系统可以分为在线讨论系统、邮件列表、教师主导的协作学习和参考资料，如图 5-1 所示。

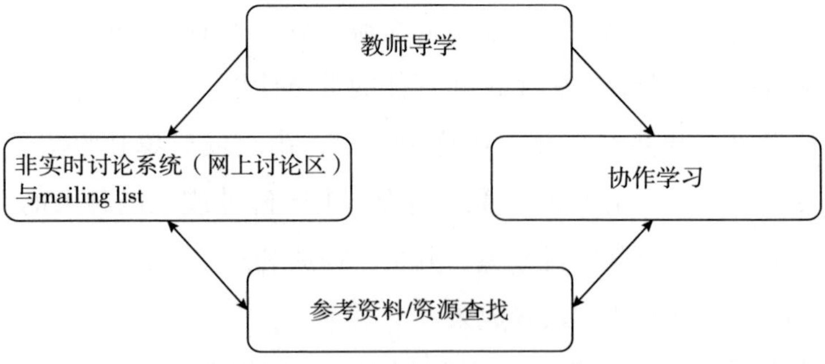

图 5-1　协作式英语学习环境的学习模块

非实时英语讨论系统（在线论坛）和邮件列表为学生提供了一个使用英语的虚拟环境，创造了一个用英语学习和交流的环境，让教师和学生之间在协作学习的环境中进行非实时互动和讨论。

督导教师的主要任务是根据课程内容和进度为学生制定合作学习目标，提供学习支持，如信息服务和教学方法方面的建议，组织、指导和监督学生的学习，评估网上上传的一些作业，确保学生不偏离预定的学习目标。

协作学习的范围和内容应限于课堂上与学科相关的话题讨论、答疑解惑、检查作文、纠正译文等，不应过度扩大。除了有效增加和补充课堂教学所需的时间外，利用网络环境的协作式英语学习模式，可以使所有学生都参与到课堂活动中来，即使是性格内向的学生也可以虚心请教，不影响每个学生完成课堂作业、论文批改、翻译练习和所有学生的作业评估。它可以使学生以开放的心态练习英语交流，提高教学效率。

参考资料是指教师为学生提供的用于具体协作学习任务的材料，为学生提供参考，如学习在相关网站查找资料，使学生不因在互联网上徘徊而浪费不必要的搜索时间，能有效地将有限的学习时间用于学习的资料来源，同时提高学习设备和资源的使用效率。

研究人员还提出并讨论了高等教育英语协作学习过程中的几个方面：作业布置、作业展示、在线讨论和论文评估、问题讨论、问题上传、咨询和回复、作业提交等。这种协作学习的做法对我们研究和应用外语网络学习有很好的促进作用。

（四）移动学习

伴随互联网和移动技术的不断发展，在线外语学习的概念被提出以后，吸引了越来越多研究者和用户的关注。目前，在外语学习技术和应用领域，正在从电子学习向移动学习过渡，一些中国学者甚至认为，移动学习代表了外语学习的趋势。

1. 开发移动语言课程

移动语言学习的主要方案包括以下四个方面：

（1）通过将学习单元与电子学习大纲联系起来，改进学习单元。

（2）学习单元之间的知识结构应该是松散的，一个学习单元提供一个相对完整的知识体系，使学生能够将其纳入繁忙的日程。

（3）每个学习单元不应过于依赖前一个学习单元，但应具有一定的智力联系。

（4）培训材料的内容是为了提供贴近学习者工作和生活实际的移动学习，在提供动力的同时提高学习者的就业能力。

外语教师需要对关键知识点进行微型教学，其作用不仅是传递信息，而且要为学生设计合作机会，结合实际情况创造合作形式（比如对话练习、问答比赛、猜谜语等），营造热烈的外语学习氛围，通过宏观调控，丰富学习内容，使学生在外语方面获得成功。[①]

2. 外语移动教学的配套措施

移动语言学习的配套措施，包括及时改进课程，增加电子学习材料，加强对移动学习的监测，以及移动设备制造商对移动语言学习使用的及时反馈。

近年来，大学生、中学生已经成为移动外语学习的主要用户之一。我们认为，中国的移动语言学习人群在未来将呈现出不断增长的趋势，在职人士和大中学生结合在一起，学生将成为未来外语网络学习的重要用户。

现在，有两种主要的移动外语学习形式，分别是基于短信的移动学习和基于 WAP 的移动学习。新时代的移动技术的出现，扩大了外语学习的可能性。在这种情况下，移动语言学习系统可以实现移动学习者与系统、移动学习者与移动学习者、移动学习者与基于 PC 的学习者之间的互动。新的移动语言学习模式在智能信息促进、有效学习和反馈、实时互动和支持个性化学习方面具有显著优势。

① 郭岩．大学英语课堂教学研究［M］．北京：光明日报出版社，2016.

第六章　英美文学课程研究性教学研究

第一节　英美文学课程研究性教学中的师生角色

一、教师角色

在英美文学研究教学中，教师不再仅仅是向学生灌输个人知识的“传声筒”，而是以培养卓越人才为使命。教学目标不仅是让学生对文学知识有一个系统的了解，而且还要提高他们各方面的能力。教师不应该是教学的权威，作为传道授业解惑者，教师应该是课堂活动的组织者、引领者和评价者。

（一）教师是教学过程的参与者

在教授研究性英美文学时，教师、学生都能够参与到课堂活动当中。此外，教师本人也可能被要求亲身体验，并在回答学术问题时参考材料。在这个意义上，教师不再是知识的垄断者，他们的地位受到了挑战。因此，教师要积极寻找教学材料，在与学生共同学习的同时扩大个人知识量。

在很多情况下，教师对英美文学的新主题和新现象并不熟悉。要分析某个文学作品比如爱丽丝·门罗的《逃离》及其艺术特色，教师在备课的时候也要和学生一样，提前进行阅读和研究，而且还应扩展阅读作者的其他作品，收集好更多相关信息和文献，做好授课准备。教师的这种学习和学生不同，它是研究性的，从框架结构上带有提纲挈领的作用。这样做的前提是，教师积极寻找信息，并和学生一样充实。在阅读《逃离》时，人们发现其语言清新、自然、简洁，题材大多是一个普通小镇上的普通妇女的生活，在安静的叙述中有一种人性的严肃，同时时间和空间的转换经常被用来呈现生活的多个角度。还有其他方面，教师和学生需要进一步探索和研究。教师只有让学生参与研究和讨论活动，听取他们的意见，才能真正了解学生的看法，充分掌握他们的学习需求，并随时调整自己的教学风格和节奏。

教师要学会分享学生的学习乐趣，缩小师生之间的思想差距，让学生充分认识和接近教师，在和谐的交流中促进教育活动的开展。教师只有在参与研究活动、对问题有清晰认识的情况下，才能指导学生。因此，教师要转变观念，转变教师角色，与学生站在同一起跑线上，以平等的姿态参与到师生研究和教育活动的探索过程中，与学生共同学习、共同探索、共同进步，有效实现教学相长的目标。

（二）教师是教学活动的研究者

社会生活对知识的依赖，就像工业经济对能源的依赖一样，没有知识的创新，就不可能有现代的发展。这种变化反映在教师身上，他们正逐渐从传统的教育者转变为科学家和研究者。为了在英美文学课程中引入研究性教学，有必要培养教师以及学生的研究能力。研究性教育旨在培养学生的研究和创造能力，这就要求作为指导者的教师要有这样的能力。科学研究作为研究性教育的一种手段，直接反映了教师的研究意识、研究精神、研究能力和研究成果。

在英美文学的研究性教学中，没有教师熟悉的固定课程和教学套路，课程内容往往是社会性的、主动性的、实践性的、自由性的，很多话题超出教师的专业范围。因此，教师需要把研究和教学结合起来，提高个人的教学质量。在教授英美文学时，教师需要研究学生、教材和教学方法。在传统教育中，教师主要关注学生知识的获取，很少关注作为学习活动对象的学生，而研究性教育则采取以人为本的教学理念。①

在英美文学中，学生是学习活动的主要角色，是课程的参与者和创造者。教师要以学生为中心，以发展为目的，关注每个学生的独特性，发现每个学生的个性特点，针对学生的不同方面，教师采用不同的教学方法，引发学生的学习兴趣，为学生创造更加人性化的学习环境。

文学是人生的艺术反映。英美文学包含一个庞大的体系，如小说、诗歌、散文、戏剧及其他文学形式，教学形式要根据体裁有所变化。例如，诗歌是需要欣赏的，而欣赏英美文学中的诗歌，必然与阅读原诗有关。因此，一种双语教学方法可以是让学生听原诗，欣赏其韵律。戏剧课则应强调内容的矛盾冲突和剧中人物的形象塑造。在课堂上教师可以让学生采用角色扮演的方式，让参与者根据个人特点选择所要扮演的角色，并将经典剧目放在舞台上，让学生通过自己参与戏剧表演来体验剧中主要人物的特点，发现戏剧的主题思想。因此，在教学活动中，教师不仅要研究教学内容，还要研究学生、研究教材、研究教学方法。

（三）教师是研究性教学过程的组织者和指导者

在传统的英语文学课上，教师根据课堂目标确定教学内容、教学方法和评估，规定学生将学习什么，以及如何学习，如何评估，并让教师通过计划所有的课堂活动来管理一切。另外，探究式教学要求教师不断更新自己的教学方式，在传统教学模式的基础上进行创新，如不要为学生做所有的工作，而是应该以引领者的身份做好学生的组织者、指导者和支持者，明白“对于教师而言，当涉及教学和学习时，其他的一切都是次要的，教会学生学会学习才是最重要的”。教会方法比讲好内容更有用。职能主要体现在英美文学教学活动中的研究项目选择与设计教学、学习研究策略与方法教学、自我评价教学等方面。

选题在英美文学的研究教学中起着重要作用。由于学生对学习任务没有明确的认识，教师需要引导他们选择研究课题，使他们在选题时不至于盲目。由

① 倪楠．全球化语境下英美文学与英语教学的交融研究［M］．长春：吉林出版集团股份有限公司，2021.

于学生的实际工作直接决定了教学质量，因此研究方法、组织形式、研究策略的选择对工作过程至关重要，教师可以引导学生选择合适的研究方法，根据不同的内容改变研究形式；教学评价可以总结学生的学习情况。对此，教师要根据学生的实际情况进行客观评价，在教师评价的基础上，还要引导学生学习自我评价，学生之间也可以增加相互评价的频率，提高评价的质量和可信度。

此外，虽然教学相对分散，有一定的自主权，但是由于学生自律性和学习重点的不同，学生数量多，在教学过程中教师会遇到各种各样的困难和问题。灵活应变，帮助学生解决问题需要教师具备良好的协调和组织能力。我国高等学校教师网络培训中心在网络上有寒暑假培训课程，组织大学教师学习应对各种教学和管理能力，既对教师的专业技能有所改善，也提高了教师的组织能力。英美文学教师可以通过为学生设计几个研究项目，在假期中研究个人感兴趣的项目，撰写相关论文，在开学时举行研究论文报告会，并鼓励学生提出问题，进行评论，互相提出建议来体现其组织能力。

由于大学生的认知和价值观都正在塑造当中，也会有情感问题和心理发展知识需求，他们最需要的是学会适应大学的特点，从被动学习转为自主安排生活和学习。这也要求教师要研究教学过程，走在学生需求的前面，引导性地帮助学生更快地完成转变。这对教师来说是一个新的挑战。要使探究式教学有效，关键是教师要能适当地展示促进技能。因此，探究式教学的教师必须运用科学的方法和有效的干预措施，促进学生对探究式学习课程的正确理解，支持学生勇于实践和探索，不断改进学生获取新知识的方式。

在准备课程时，教师要有符合探究式教学要求的新理念，努力理解和掌握英美文学探究式教学模式的相关知识，在学科知识的掌握之外，全面、立体地开展工作。他们还需要掌握探究式教学的科学研究方法，明白没有科学研究方法，就很难有科学研究的新发现。在英美文学、古代和现代文学发展的大框架下，教师可以像在科学探究中一样，引导学生系统地探究、获取知识，并积极应用。因此，教师要熟悉整个过程，掌握科学研究的方法。例如，如何设计问卷调查，如何研究中外资料，如何确定研究主题，如何撰写开题报告，如何分析和总结信息，如何润色研究成果等。英美文学教师只有掌握这些研究方法，并不断研究和创新，才能正确引导和促进学生学习，胜任研究性教学的重要任务。①

二、学生角色

传统教育更强调教师的主导作用，而对学生的主体性关注较少。传统上，中国教育的重点是知识的获取，特别是在语言课程中，需要记忆的知识较多，而实用的知识较少，在整个教育过程中，学生一般被要求“以听为主”。在很多情况下，学生习惯了被动学习，不会主动探究性地学习。在英美文学中实施探究式教学，需要学校、教师和学生改变传统思想，明确学生的主体地位，促进学生成为知识的研究者和创新者。

（一）学生是学习活动的主体

所有教育活动的最终结果都应体现在学生身上，英美文学也不例外。俗话说：“教育是为了学生。”学生在教育活动中的主体地位必须得到明确。学校和教师必须根据新的教育理念，改变传统的思想观念，改变单一的教育方法和教学手段，注重学生的独立性和自发性。

学生作为教育活动的主体，必须主动出击，改变传统的被动接受的教育方式，在教育活动过程中了解教师的教学方向和意图，跟随教师的思路，发现有待发现的问题，深入体验整个学科体系。如果只是教师主动、尽力地开展教育活动，学生按照传统的教育方法，也就是“填鸭式”学习，只是配合教师检验教育效果，没有把自己看成是教育活动的主体，那么学生就只能学习课本上的字面内容，或者背诵几个单词，而不能理解整个内容，而且也不能掌握所有的内容。例如，《荷马史诗》是古希腊游吟诗人的集体作品，是希腊口头文学的精华集。它是古希腊文学的代表作，是西方文学的代表作，也是古希腊从氏族社会向奴隶制过渡的社会道德史，具有历史、地理、文化、文学的研究价值。它表现了一定的人文主义的思想，关注了个人的尊严、价值和成长力量。学习这部史诗如果只是为了背诵诗歌，而不深入研究其内容和相关历史时期的

① 王霞．文化视阈下英美文学与教学研究［M］．长春：吉林大学出版社，2020.

广泛文化背景，那么即使在考试中取得高分，也无法体会其深刻的文学价值。

（二）学生是知识的研究者和创造者

俗话说："教学有法，教无定法，贵在得法。"一个好的教学方法可以充分发挥教学的智慧，而一个不恰当的教学方法不一定能够达到想要的教育效果。在探究式教学中，教师需要了解这样一个重要的原则：教学内容是相同的，但教学方法却多种多样。教学方法的多样性也对学生提出了新的要求。学生必须改变他们的学习方法，以应对优秀教师的不同的教学方法。如果学生在学习过程中不自觉地探索思维的可能性，不发展创造性思维，他们就不能根据教师的建议进行大胆的突破，就难以发现新的知识，甚至难以理解教师的意图。因此，学习过程中必须激发学生深入研究该学科。在文学领域，西方现代文学的众多理论和批评方法的出现极大地改变了文学研究的视角，为文学史上的各种现象以及对各种古典文学作品的解释创造了新的视角。学生要认真研究这些观点，找出各自的优点和缺点，然后表达自己的观点，并将新的观点应用于英美文学。

根据著名人文主义者马斯洛的观点，创造力是所有人类与生俱来的品质。创造力是个人智慧、主动性、潜力的综合发挥，是高级的探索和创造活动。马斯洛把人的需求和自我实现分为五个层次，分别是生理、安全、归属和感情、尊重、自我实现，并指出教育的目的是自我实现。可以说，学生的学习过程就是一个自我实现的过程，学生需要不断创新和突破。美国学者莱斯尼克曾说："学习者总是把新的信息与已知的信息联系起来，并试图根据已经存在的结构来解释新事物。"因此，在学习过程中，学生通过将现有的个人经验知识与新的观念和思想相结合，不断地构建新的事物，创造属于自己的新知识。这一行为反映了认知心理学中的同化和适应思想，肯定了学生的创造力。

知识总是在研究中不断发展，僵化的知识注定走向灭亡。作为学习者，学生不仅有权利接受知识，而且有权利研究知识。在学校学到的知识对一个人未来的生活和事业起着重要作用。被动地吸收知识足以通过考试，但人生最重要的不是面对学校的各种考试，而是面对社会的各种考试。要做到这一点，不仅要吸收知识，还要积极研究和探索知识，学会如何学习。在当今社会，研究不再是研究者的专利，它是教师和学生的权利。英美文学的广阔范围和无数的经典作品要求学习者不仅要对整个文学史有一个总体的了解，还要在具体文本上下功夫。研究文学作品不仅能加深学习者对作品的理解，而且还能在作品中产生新的观点，揭示新的思想，培养学生的研究能力，实现“不为了教而教”的目标。

让学生在英美研究教师有意义的研究性教学策略下，掌握自己的学习，注重创造性思维的运用，充分发挥自己的潜能，个人的学术研究能力肯定会逐步加强。在学习过程中，学生应该越来越多地接触到英美文学的研究项目，重点是了解学术研究的正式标准和规范，并在完成项目设定的任务中加强个人研究技能。研究性教学可以提高学生的研究能力，而研究能力的提高又能使学生获得更多的知识，反过来又能促进研究性教学活动的开展，两者相辅相成，相互促进。学习和研究能力的提升可以事半功倍地转移到其他学科。因此，学生要有意识地提高自己的科研能力，这是一个循序渐进的学习过程，能够提升教学内容的更新和进一步发展。

第二节　英美文学课程研究性教学方法

研究性教学是引导学生在实践活动中学会提出问题和解决问题的能力，它和综合课程不同，但是需要使用综合能力。强调知识的联系和应用，要求调动学生的兴趣和积极性。常见的教学方法包括：解决问题、案例研究、项目式、支架式、随机采访、情境模拟等。研究表明，并不是所有的教学方法都适合于所有的科目。在英美文学课程中，问题解决法和情景模拟法是两种有效的教学方法，可以极大地提高学生在教育过程中的兴趣和积极性。根据英美文学的开放性，也可以采用比较法和角色扮演法。

一、课前准备

无论采用何种教学方法，教师都要以学生的知识水平作为基础。所以，课前教师就必须首先引导学生收集和整理信息，以便他们能够建立自己的知识体系。信息收集在教育过程中起着重要的作用，它能让学生在开课前对他们将要学习的内容有一个整体的了解。通过进行文献综述，学生可以了解他们即将学习的课题是理论性的还是应用性的，是学术性的还是创新性的，对这个课题有哪些研究，目前有多少人在研究，已经做了多少研究，取得了哪些成果，还存在哪些研究空白等，从而有一个初步的了解。信息收集是开展研究性教育的前提条件。那么，学生如何获取信息呢？

伴随着科学技术的进步，计算机的普及应用，学生获取信息的方式也变得更加多样化。图书馆不再是收集信息的唯一场所，互联网已经成为收集信息的主要工具和渠道。开放的网络环境为学生提供了广泛的研究和学习的信息来源，涵盖了自然、社会、人文、历史等全部知识，不仅有文字资料，而且还有照片、视频、音频等多媒体资料，使学生的学习有更强的直观性和趣味性。此外，网络化教材具有更新快的优势，可以在第一时间展示最新的研究动向和成果，保持信息的新鲜度。它可以吸收不同领域、不同阶段研究人员的意见，汇集各领域优秀人才的思想，为学生提供一个良好的学习平台，使学生能够全面地学习。通过互联网技术进行信息检索，可以突破时间和空间的界限，消除地理、语言和文化障碍，极大地提高研究性教育的效率。①

收集信息只是实践过程中的第一步，处理和组织信息是下一个主要任务。第一步是对收集到的信息进行分类和编目，记下重要或新的想法；第二步，应仔细检查和标记材料，记录个人意见、问题或解释，用符号注明重要观点、困难或经典故事，以便日后查阅；第三步，在阅读的基础上，学生要用自己的语言对材料的基本观点和主题进行简要总结；第四步，通过多读和精读，学生将对所读材料形成系统的理解，并形成自己的观点和看法。在这一点上，教师可以引导学生进行学术写作：一方面，学生可以将所读内容融入自己的知识；另一方面，他们可以表达自己的个人观点，这对训练他们的阅读、思考和写作能力非常有效。

① 徐刚．高校英美文学教学理念与模式研究［M］．天津：天津人民出版社，2021.

例如，在讲解马尔克斯的《百年孤独》之前，教师可以让学生一边阅读文本，一边关注其中所包括的民间故事、神话传说、宗教典故等神秘因素，了解魔幻现实主义作品的特点，熟悉这部作品及其所属的流派。在阅读的过程中，学生应该关注作品给他们留下印象最深的地方，简要总结作品的内容，总结魔幻现实主义的特点，并概述《百年孤独》的艺术特点。接下来，我们将在数据库中搜索相关作品，并将《百年孤独》与中国作家的作品进行比较，分析两者的异同。在中西方文学比较的基础上，学生将对魔幻现实主义有更深入的了解，同时写一篇文章，记录个人的研究经历，以便进一步学习和讨论。

在对学生的学习情况进行研究，并有一个总体和系统的了解后，教师可以使用各种教学方法设计课程。

二、问题教学法

问题教学法是指教师根据教学目标创设情境，根据所能拿到的教学材料，引导学生去发现问题、提出自己感兴趣的问题，或者由教师提出问题，以及师生共同提出问题并讨论解决问题的方法。然后，该方法通过问题分析、数据验证、理论检验，提出解决问题的策略，使学生在问题的形成和解决中获得和运用知识，也是一种培养创新精神和实践能力的教学方法。问题解决教学法在教育领域应用广泛，不仅是研究性教育中常用的教学方法，而且在传统教育中也发挥着重要作用。通过使用问题解决教学法，教师可以深入了解学生的想法，了解学生的学习困惑，及时地引导学生，帮助学生进行有效的学习。

（一）提问环节

提问是探究式教学的重要环节，教师的角色是研究的参与者，也是学生探究活动的引导者。为了提高学生的创造力和探究精神，充分激发学生的自主作用，教师需要向学生提出明确的教学目标，在教学过程中就这些目标提出激励性的问题，并正确引导学生一步步探索，直到解决问题，这是一种非常有效的教学方法。

例如，在讲授浪漫主义大师维克多·雨果的作品《悲惨世界》时，要明白上课的主要目的是了解小说的艺术特点，分析其思想内涵。通过阅读小说，学生能够掌握《悲惨世界》的主要内容和特点，了解小说的对比原则和作者的人道主义思想。由于学生在课前只对作者及其作品有所了解，所以教师应事先阅读雨果的自传和《悲惨世界》《笑面人》《九三年》等重要作品。

为了提高阅读的效果，要指导学生对所读的作品提出有趣的问题。教师可以提出几个有帮助的问题，如《悲惨世界》的艺术特点是什么，如何刻画人物？作品中的人物形象是如何塑造的？这些形象是如何体现对比原则的？人物之外的哪些描写体现了这种对比原则？该作品在多大程度上反映了作者的人文主义哲学？阅读作者的自传和其他作品，分析作者的人文主义思想的发展。

教师可以在一开始就提出这些问题，引导学生带有目的去阅读，也可以把问题开放，让学生根据个人阅读情况提出感兴趣的问题，然后在课堂上探讨这些问题。无论采用何种教学方法，都是为了提高学生的学习能力。因此，教师应以学生独立解决问题为主，辅以引导学生学会如何学习，提高自学能力。培养自学能力是研究性教学的一个重要主题。叶圣陶先生在给教师的信中说："教学就像帮助孩子走路，小心翼翼地支持他，但永远不要忘记放开他的手。"[①] 也就是说，教学的目标是达到不再需要教学的地步。教师必须始终牢记，教学不是简单地给出问题的答案，而是引导学生找到通往答案的道路。启发学生提出有讨论价值、有意义的问题，学会用发现问题的方式去阅读和理解，增强质疑的能力，为学生进行研究奠定坚实的基础。

（二）讨论活动

教师可以提出一些问题，让学生在自己的阅读基础上提出个人感兴趣和有意义的问题，培养他们发现问题的能力。回答问题相对容易，因为学生在上一步骤中已经收集了大量的信息。根据问题处理和组织信息，调动现有知识，进行认知思考，可以有效提高学生的思维能力。虽然个人的反思性研究对培养学生的能力很有帮助，但是在教学过程中，小组讨论非常重要，学生可以在其他

① 任苏民．叶圣陶教育思想研究［M］．太原：山西人民出版社，2018.

成员那里得到不同的思考角度，每个人都会受到他人的启发，在头脑风暴中通过集思广益来丰富知识，补充个人研究的不足，并促进学术氛围的改善。

与此同时，小组讨论也能促进学生之间的情感交流，有助于提高他们的人际交往能力，帮助他们在今后的学习和工作中学会尊重他人的想法，对学生的长期发展是有益的。在进行小组合作讨论时，教师需要特别注意监督和指导。虽然解决问题的方法有很大的优势，但是也有不足之处。教师必须允许学生讨论重要和有价值的问题。但是要注意不能让讨论流于形式，而要让学生充分地参与讨论。在学生讨论期间，教师可以从讲台上退下来，走近学生，监督和指导他们的讨论，并大致了解他们的想法，为下一步的教学做准备。

通过个人思考和小组讨论，学生对问题有了更广泛和更深入的了解。与直接给学生答案的传统教学方法相比，这种教学方法有自己的优势。学生亲自参与课堂活动，加深了他们对知识的印象，使这种教学方法比死记硬背的学习方法更人性化，更受欢迎。教师通过提出刺激性问题和布置家庭作业积极引导学生学习，培养学生的主动性。学生在教师的引导下，对相关话题得出初步结论，这是一个重要的教学方式的创新。

三、情景模拟教学法

教学情景是指教师创造紧张、冲突、矛盾和混乱的气氛，引导学生了解某个主题。情景教学法于 1989 年提出，教师根据教学目标和内容，创设或模拟情景，激发学生的思维，让学生感同身受，通过实际操作来提高学生发现和解决问题的能力。自诞生以来，情景教学法已在各学科中流行起来，并在中小学教育和高等教育中得到广泛使用。英美文学的探究式教学也是如此，根据学科特点为学生设计出各种教学情境，大大提高了学生的研究兴趣。

（一）创设教学情景

在情景模拟教学法中，教师应提前设计好研究性教学的活动，根据学生的认知水平构建合理的设计方案。教师的作用是将理论知识引入实践课堂，与学生分享信息，为教学铺垫背景知识，在丰富的素材和生动的教学活动中使学生对英美文学研究更加感兴趣，调动学生的研究积极性。教育心理学家认为：主动吸收信息和被动吸收信息在智力和情感上的效果有很大的区别。学生是学习活动的主体，是课程的参与者，他们的学习意愿决定了他们的教育质量。高等教育机构的学生正处于希望发挥创造力的阶段，愿意自己吸收和更新知识。需要给予他们适当的指导，使他们能够充分地发挥自己的想象力和创造力，独立探索和解决问题。

（二）教学实例

例如，《浮士德》在传统上是一个重要而困难的教学文本。的确，这部作品充满了哲学思想，就像一层迷雾，给阅读该文本带来了许多障碍。即使在分析了浮士德的两个赌注和五个追求，以及浮士德作为文艺复兴后先进知识分子的代表之后，学生仍然觉得它空洞、遥远，有些难以理解。因此，教师指导学生把浮士德请进他们的生活当中。这样一来，学生们似乎恍然大悟。浮士德的“孜孜不倦的探究和不懈的努力”，正是年轻人应该具备的精神。

这样的课堂通过将作品中的主角转移到现实生活中，或者让学生作为主角进入文学作品的世界，可以大大激发学生的学习热情。教师对《浮士德》这部艰涩难懂的原创作品的指点，让学生研究和讨论的焦点集中在现实主义和浪漫主义的结合上。让学生在阅读中发现该书的主题是追求，人的可贵不在于拥有真理，而在于追求真理。通过对作品的解读，教会学生认识到人生的价值在于体验，不断扩充体验的广度和深度，引导他们在今后的学习工作中始终保持动力，在困难和诱惑面前永不放弃，继续勇敢地奋斗和创新。兴趣是最好的老师，对学科的浓厚兴趣有助于学生更快融入教育活动，调动个人积极性，深入探索知识，研究问题。

四、比较教学法

英美文学属于一种开放性学科，包括来自全世界各个国家的作家、作品、文学思潮和流派，对教师的要求也相应地需要更广泛的知识储备，包括相关的学科内容和学科体系。这些年来，中国的大学在开设英美文学课程的同时，也开设了比较文学课程，这使我们的英美文学课程受益匪浅，引入了比较的方法。“比较”不只是局限于对文学作品进行比较，还包括将文学理论和跨学科进行比较。

《攻玉集》指出："比较是介绍文学发展和评论文学作品的一种重要的教学方式，在评论作家和讨论他们的历史时，总是自觉或不自觉地进行比较，我们鼓励有意识地、系统地、学术性地进行比较。"[①] 比较法已被许多英美文学学者应用于教学和研究，是英美文学教师可以应用于教学的方法。

在课堂上，教师可以帮助学生培养比较意识，系统地规划和组织比较内容，引导学生对不同国家作家的作品进行比较分析，加强学生对知识的理解，培养学生的创造性思维。传统的英美文学教学往往以学科为中心，很少纳入中国古代文学和当代文学体系，而研究性教学则要求学生将文学的各个领域联系起来，通过比较中外文学作品，学生能够得出新的结论。

在教师的课程当中，可以有意将外国作品与我们熟悉的中国作品进行比较。例如，在教师讲西班牙作家塞万提斯的名著《堂吉诃德》的时候，他可以将桑丘·潘萨与中国古典名著《西游记》中的经典形象猪八戒进行对比，探讨两者在外形、人生观和举止方面的异同，以丰富他对英美文学中人物的描绘。比较文学可以激起学生的研究兴趣，用学生比较熟悉的中国文学经典作品和国外相对类似的作品进行比对研究，可以给学生提供多角度的思维模式和视觉新颖的阅读体验。我们不仅要比较和研究古典作品，还要研究更多近期的有价值的作品，这将扩大研究的范围和深度，使比较不仅仅是一种形式，还可以引导学生从作品的主题、题材、跨学科等方面的比较研究中得出相关结论。运用比较教学法，可以把文学作品发生的时代发展、空间状况、人文环境等联系起来，让学生有代入感，能更好地理解文学作品创作的原始动机和创作经过，更好地体会文学作品的思想内涵。

五、角色扮演教学法

角色扮演教学法改变了传统的讲课形式，让学生研究一部作品并扮演一个角色，以更深入地了解作品的思想和特点。这种教学方法通常在戏剧课程中

---

① 徐育华．攻玉集［M］．北京：中国文联出版社，2016.

使用。

戏剧是一种重要的文学体裁，在英美文学教学中占有重要地位，戏剧体裁自其诞生以来，产生了许多艺术上的优秀作品。索福克勒斯、埃斯库罗斯和欧里庇得斯这三位古希腊伟大的悲剧作家对戏剧作出了重要贡献。索福克勒斯的《俄狄浦斯王》代表了希腊古典悲剧中人与命运的对抗，而欧里庇得斯的《美狄亚》则创造了文学史上第一个真正的女性角色。在文艺复兴时期，莎士比亚写了各种剧本，《哈姆雷特》《罗密欧与朱丽叶》《奥赛罗》《李尔王》和《麦克白》成为流行的代表作品。在古典时期，法国古典戏剧的创始人莫里哀出版了《伪装者》，其中体现了深刻的民主精神。在随后的时期，杰出的戏剧包括挪威剧作家亨利克·易卜生的社会问题剧《玩偶之家》、契诃夫的《樱桃园》和贝克特的《等待戈多》。

戏剧的教学可以有创新形式，根据戏剧的可表演特征，教师可以组织学生进行表演，在表演的过程中发现这些作品所蕴含的思想内容和艺术魅力。表演可以取代单纯由教师在课堂上讲解的教学模式，在准备表演的过程中，学生通过对剧本的研究和呈现，加深自己的理解，也可以在合作中促进相互交流和学习。还可以让学生根据自己的喜好准备戏剧服装，提高他们的审美情趣。通过让学生自主参与文学创作，可以加深他们对戏剧主题思想和主要人物性格的理解，从而提高他们的学习兴趣。在舞台表演的过程中，培养了学生的语言和肢体表达能力，鼓励学生自我表达、自我认识和自信。同时，学生在排练过程中，能提高他们的情感交流，加强他们的合作能力。

研究人员整理了一个在戏剧课堂上使用角色扮演的模式。教师负责布置戏剧，介绍剧情，定位人物，教授表演，而学生则组成7~8人的剧组，打印出剧中的对话，单独练习角色，准备合适的服装，主动结合经典作品，背诵剧中的经典对白，让学生更好地理解人物，并且能够把戏剧搬上舞台。当演出结束以后，教师与学生分享他们的感受，以加深他们对戏剧的理解，并完成一份调查问卷，跟踪学生的学习过程。这种教学方法将激励学生学习更多的戏剧知识，更好地发展他们的创造力和想象力，并改革英美文学的教学。

第三节　英美文学课程研究性教学推进策略

为了推动英美文学课程的研究与教学工作，学校必须发挥主导作用，完善研究与教育机制，将研究与教学结合起来。教师要发挥主导作用，积极参与、指导、推动研究与教育工作。学生也要发挥主导作用，提高自己的研究和自主学习意识。通过学校、教师和学生三方的密切配合，构建科学的教学机制、活泼的学习氛围，有效推动英美文学教学，培养学生研究型性学习的能力。

一、凸显学生的主体性地位

研究性教学要在英美文学课程中顺利推进，离不开学生的积极参与。学生作为教育的主体，务必要在学习当中努力发挥好个人的主动性，树立主人翁的态度，而不是完全依赖老师，总是等待老师的指导。他们必须明白，学习是他们自己的事情，没有人可以代替他们做这件事。新的教育理念要求学生不仅要有丰富的知识，而且要有自主学习的能力，要有很强的创新意识和研究意识。英美文学的研究性教育可以让学生改变个人理念，认识个人地位，掌握研究方法，提高研究能力。①

（一）转变个人理念，认清个人地位

作为学习的主体，学生需要从单纯的学习者变成反思的学习者，从课程接受者转变为主动参与者，从知识寻求者转变为研究者。在传统课堂上，学生是知识的接受者，他们所经历的大多是间接的，他们没有直接参与知识的创造，也没有获得知识的主动地位。为了保证课程的效率，传统教育往往采用了“批发式”的教育，教师统一讲课，直接从书本上传授知识，不重视学生的实践能力，不重视他们的动手动脑能力，不重视他们的独特性。而研究性教学则

① 张晓平．英美文学教学研究［M］．长春：吉林人民出版社，2019.

要求学生参与教学活动，根据学习内容提出创新性问题，通过个人探索找到解决问题的方法。学生需要改变他们的思维，把自己放在学习的中心。他们不仅需要倾听，而且需要与教师平等互动，发挥个人潜能，鼓励开展有序的教学活动。

（二）端正科研态度，提高科研素养

在传统的课堂上，学生往往被动地吸收知识，很少自主地进行研究，所以他们的研究能力相对薄弱。教师想要在英美文学课上进行研究指导，需要学生有正确的态度，提高个人的研究能力。作为一项常规的学习活动，学生不仅要阅读课堂上使用的教材，而且还要阅读国内外主要的英美文学期刊，了解本领域的学术前沿和发展动态，学习如何进行研究。在实践中，一定要不畏艰难，开动脑筋，吃苦耐劳，不能在实践中放弃学习。

研究发现，兴趣在学生的学习中起着重要的作用，但更深入的学习不能仅仅依靠兴趣，还需要耐心和坚持。我们对一个学习问题钻研得越深，其挑战性就越大，往往需要更多的耐心。学生在学习过程中需要有耐心和毅力，通过循序渐进的学习，实现知识和技能的升华，进而提高个人的研究能力。

学生是研究性教育和学习的骨干力量，培养学生的能力是一切教育和学习活动的目标。因此，学生在学习过程中不能单纯地依靠学校和教师，应该通过个人的努力，确定主体性地位，发挥个人的主观能动性，通过个人努力提高研究意识、研究能力和创新能力，不断自我完善，为未来发展做准备。

二、发挥教师的主导性作用

教师既是教育活动的领导者，也是教育活动的参与者，在教学过程中发挥着重要作用。理顺教师的教学角色，是英美文学探究式教学获得成功的关键。教师必须具备高水平的教学技能，才能让学生参与到探究式课堂教学过程中，帮助他们掌握探究式学习方法，提高他们的个人研究和创造能力。教师必须是教导而不是命令，是建议而不是取代，到位而不越位。然而，任何事情都有两面性，并不是所有的教学都会带来良好或完美的结果。忽视教学艺术，不重视教学策略，可能会产生事倍功半的效果，甚至产生消极的教学。

因此，在研究性教学的实时进行中，教师要借助发散性思维，适时改变矫正教学策略，营造积极活泼的教学环境，提高学生的学习兴趣和热情，取得更好的教育效果。英美文学作为一门专业基础课，其教学内容相对稳定，教师在课堂上可以有效地将知识传授给学生，但其缺点是难以更新。教师要在课堂准备工作中，对讲课内容进行全面的分析，再设计合适的教学方案。

文学史则是一部不断发展的历史，随着时间的推移，新的文学作品和文学风尚会以新的形式出现。教师需要及时了解和掌握最新的发展动态，并将重要的当代研究纳入讲课内容。同时，他们需要整合课程内容，以有意义的方式设计课堂和自学。由于英美文学是一个庞大的文学体系，仅靠教师在课堂上的讲授是无法完全掌握的，因此，教师可以把讲课内容做得详细、简明，使课程内容有意义，对重要内容进行必要的提示，制定适当的评价体系，并在课堂上组织学生自学。这是可以做到的。

此外，也可以开设一些选修课，进一步解释学生感兴趣的话题，来补充核心课程，完善教育体系。例如，诺贝尔文学奖一直是学术界非常关注的奖项，对诺贝尔奖获得者的研究不仅在学术界，而且在教育界也成为一个重要话题。教师可以使用学生比较感兴趣的诺贝尔文学获得者爱丽丝·门罗，用她的作品调整课堂活动，让学生收集和总结作者的传记和作品，提出个人感兴趣的问题，举办讲座，邀请专家学者讨论和回答问题，并让学生根据讨论情况撰写研究论文，以提高他们的研究和写作能力。

另外，教师也要经常更新教育理念，改变传统的讲授式教学方法。教学法在中国有着悠久的发展历史，16 世纪拉莫斯在思想和社会领域发起了方法论运动，教学方法应运而生。17 世纪，夸美纽斯将拉莫斯主义应用到教育领域当中，赫伯巴特在启蒙时代进一步诠释，并确立了教学法的理性传统。这种教学传统由凯洛夫教学法引入我国，最终形成了讲授教学法。讲授教学法以其标准化、模式化、效率化的特点，在很大程度上适应了当时社会的发展。[①]

以教师为中心，以课堂为媒介的授课方式，直接快速地传递科学知识，在

① 杜瑞清．英美文学与英语教学［M］．上海：上海外语教育出版社，2004.

社会发展中发挥着举足轻重的作用。在当今社会，仅仅获得僵化的知识已经不足以跟上时代的步伐。社会的发展需要独立、灵活、创新型的人才，教育的目标也必须适应社会的发展。在教育领域，教师的观念和角色的变化引领着教学的发展，教师通过不断提高自己来改善教育。但是，教师如何才能培养出改变观念和教学方式的能力呢？网上成功的教学经验对教师很有帮助，他们需要利用网络资源来收集和丰富信息。中国的大学，特别是清华大学和浙江大学，也实施了研究性教学，并逐渐取得了成功，这可以作为中国本科教师的榜样。教学是一项实践活动，仅仅依靠别人的学术成果，是无法取得突破性进展的。因此，教师要在个人教学中多总结，多积累经验，并且调整自己的教学方式和内容，以适应教学的需要。

在全面了解英美文学课程的基础上，教师需要通过各种方式来实现教学目标，同时提高学生的学习效率。因此，英美文学研究性教育的一个重要问题是教师如何将个人的研究能力与教学实践相结合，促进英美文学的教学改革。

课堂是教育活动的主要环境，在教育过程中占有重要地位。探究式教学促进了教师和学生之间的合作研究和进步。在实现这一先进的教育目标之前，学生必须具备一些英美文学的基本知识，而这些知识的获得必须以课堂教学为基础。课堂教学的特点是教师的口头教学、指导和书写板书；学生听讲、思考并做笔记。学生及时反馈个人学习成果，教师根据反馈调整教学方法，进一步巩固基本教学成果。教师使用的语言，课堂上使用的教学方法以及评估，都直接影响着课堂的教学质量。因此，在探究式教学中，教师需要改变传统的教学方法，发挥个人主导作用，创造新的教学环境，调动学生的学习积极性，引导学生参与教学过程，探索知识创造的根源，体验知识发展的过程，探索未来知识发展方向。

在研究性课堂上，教师要激发学生的研究兴趣，而语言作为人类思想的表达方式和交流的基本手段，直接影响到学生对所学知识的理解和学习的积极性。在研究性课堂上教授英美文学时，教师需要深入探讨语言，用准确、和谐、有节奏的语言吸引学生的注意力，恰当地表达教学思想，并完成教学任务。教师要注意使用教学语言的技巧，力争让学生感受到教学语言的乐感、音调，要铿锵有力，教学语言要有严格的逻辑性，表达有序，层次分明，尽量使教学语言具有审美性，视觉和听觉的美感对学生更有吸引力。思想具有了外在美既能传达教学内容，也能体现教师自身内外兼修的个人素质和专业精神。与此同时，教师也要积极探索各种教学技巧，不断刺激学生的学习兴趣。在英美文学教学中，教师可以通过适当的提问、寻找课堂活动的切入点、强调课程的重难点，将学生的注意力集中在课程的核心部分。

探究式教学的最终目的不是激励学生学习，而是通过学生的努力，培养他们的创造力和探究能力。这些能力必须通过语言和书面支持来体现，这就需要在学习知识的基础上发展表达能力。教师必须引导学生以论文、实验报告或项目总结的形式，展示他们的探究结果，并以口头和书面形式与同学和老师分享他们的经验。

正如张擎丰所说："探究性学习的内容结构不是线性的，首先是因为学习者个人经验的形成是一个高度个人化的过程，处于不断变化和发展的状态。另一个重要的观点是，探究性学习的内容不限于物质世界，还包括精神世界。它不仅包括研究对象，还包括在研究过程中与他人的互动，例如学会沟通和合作。"① 教师要明白，课堂表达和交流对研究性教学至关重要，要展示学生的研究成果，还要培养学生的表达能力，树立学生的信心，加强团结合作。这就要求学生能够正确理解所收集的信息，并在理解的基础上进行加工，这可以极大地提高学生的思维能力。以口语和口头形式表达自己的想法和研究成果，可以有效地提高学生的语言表达能力，建立抗压能力，培养写作能力。②

在英美文学课堂教学中实行研究性教学，让学生将研究过程中积累的经验和情感体验表达出来。重要的是，学生在这种表达和交流中受到来自教师的鼓励和重视，这样也能够推动研究性教学的开展。表达和交流也促进了学生之间的合作意识。通过小组讨论和观看其他小组的作品展示，学生的表达能力得到了提高，在团队中有机会相互分享自己所拥有的经验。在分享和交流的过程

① 郭岩．大学英语课堂教学研究［M］．北京：光明日报出版社，2016.

② 何冰，陈雪莲，王慧娟．语言学应用与英语课堂教学研究［M］．郑州：黄河水利出版社，2020.

中，教师要注意尊重学生的独特思维角度和内容，不要把自己个人的想法强加给学生，允许不同声音的存在，教师也要用学习的态度去聆听学生的思想。

教师不要批评学生的所谓“不合常规”的想法。相反，教师应该倾听学生的想法，与学生进行平等、和谐的对话，不带偏见地接受他们的创新想法，引导学生的激进思维，防止他们陷入极端，并学会以教师的身份发挥主体作用。

在开展英美文学的研究性教育活动中，教育评价的过程不容忽视。如果说发起的每一项教育活动都是一种教育实践，那么教育评价就是对教育实践进行总结和评价的活动。总结和评价阶段是研究性教学的亮点之一，这是评价方法的改革，也是教学观念的改革。英美文学教育的评价需要适应研究性教育的评价机制，改变传统的评价方法，促进英美文学教学方法的整体改革。研究性教育的特点决定了其评价方法不同于一般的大学教育评价。传统的英美文学教育评价往往是以终结性评价为主，过程性评价为辅，不注重学生的独特性。全过程、多元化、丰富性、多样性的评价可以增强学生的直接体验，培养学生的创新精神和实践能力。

在教育评价的过程里，教师要加大形成性评价的比例，将学生平时的研究成果纳入最终评价系统。跟踪学生的研究过程，记录资料的收集和整理，研究和阅读材料，以及实际的个人经历，以便于后期评价。指导学生的研究过程，及时调整研究方向，保证学生不会陷入误区，引导学生对自己的研究进行自我评价和反思。形成性评价和结果性评价相结合，可以对学生的研究进行准确和适当的评价。同时，需要引入各种评价学生成绩的方法。应改革传统的考试制度，根据英美文学的学科特点，灵活设置参考答案，促进学生的开放性。主要是通过对学生的课外阅读、社会实践、论文写作、成果展示等方面进行综合评价，促进学生实践能力的提高，而不是仅仅以考试来作为评分的依据。这种评价形式能更直接有效地提高科研和教学质量，促进英美文学教育的改革。

学生在个人经历、知识、视野等方面存在很大差异，因此他们的研究调查方式可能不同，研究结果也会有很大差异。为此，在进行评价时，教师要积极鼓励学生，对取得好成绩的学生要继续鼓励，让他们取得更好的成绩；对成绩不好的学生，要总结他们在学习中存在的问题，使其在今后的学习中取得优异成绩。通过这样的课程，学生可以培养自信，激发他们对知识的渴求，并在评价过程中学会实践、设计、反思和评价他人的研究成果。

三、教学与科研相结合，构建研究性教学机制

大学是所有教育活动的管理者和推动者，直接引导着教育改革和发展的方向。为了履行研究性教育的使命，大学必须从行政层面完善研究活动体系，促进教学与研究的结合，引导和支持学生的研究活动。

（一）转变学校教学理念

学校管理层应转变观念，充分认识研究性教学的好处和可行性，把研究性教学作为高校改革的重要方法提上日程。要根据学校的特点和发展道路，制订实施研究性教学计划。在校长和各年级组长的领导下，做好传播研究性教学理念的工作，提高师生对研究性教学的认识。在教学管理中融入“教研结合”的理念，营造科学探究的氛围，强化全体师生对科研学习的认识。

如果教育质量是学校的重要生命线，那么科学研究就是这一生命线的重要根源。只有顺利推进科研活动，才能确保和提高教育质量。教育活动离不开科研活动，更离不开科学研究。在大学里，不应该把教育和科研分开考虑。没有科学研究的教育，尽管外表诱人，也只是短暂的。在培养高技能人才方面，没有科学研究的大学环境就成了无源之水。将科学研究与本科教育结合起来，在教育改革中引入“活水”，大学必须不断调整自己的战略和策略，培养能够满足社会需要的人才。

（二）建立英美文学研究性教学机制

学校可以设立专门机构来管理学生的研究，扩大学生的研究渠道，增加学生进行学术研究的机会，并提供资金支持。他们还可以建立一种机制，鼓励学生对英美文学进行学术研究和探索，撰写研究论文，并对取得好成绩的学生授予学分。例如，在美国加利福尼亚大学伯克利分校，学生必须获得 120 个学分，其中至少有 1/6，即 20 个学分，可以用来写研究论文。该校本科生目录中列出的五门课程是专门的研究课程，总共可以获得 16 个学分来满足毕业要

求。除此以外，课程目录中还有两门论文课程，学生可以选修。

将这种学分制应用于英美文学的教学，可以通过改革现有的学分制来实现。可以细化对必修课的评价，使学生不仅通过基本知识，而且通过教师的讲解和亲自参与，获得研究技能，加深理解；或者提供选修课，让学生进行研究调查，并根据他们的学习情况授予学分。因此，学校为学生提供各种进行研究调查的机会和激励措施的政策，将对激发和调动学生的研究兴趣，提高他们的研究能力起到非常重要的作用。①

（三）建立英美文学研究性教学教师奖励机制

建立与英美文学研究性教学相适应的教师奖励机制，有利于发展壮大研究性教师队伍。探究式教学的目标是培养学生的研究、创造和发现能力，而要实现这一目标，教师必须首先掌握这些技能。

所以，学校应该开始培养研究型教师，加强培训，提高他们的研究和教学能力。应实行教研岗位轮换制度，对那些长时间从事教学工作的教师进行定期培训，要求他们参与科研项目，并对其做出的科研成果进行评估。研究成果突出的教师要注重提高培训和教学能力，将科研和教学有效结合起来，提高教师的整体水平。

此外，学校管理者应该看到，教师积极地对待研究性教学的态度，这对教学质量有直接影响，而教师的积极性应该从学校管理者开始。例如，他们可以从各个方面支持从事英美文学研究的教师，并在招聘教师时优先考虑这些教师。优秀的教师和杰出的研究人员应该被定期选拔，并在智力和物质上得到奖励。为了调动学生和教师的研究积极性，应建立适当的制度，为研究工作提供便利，保证负责研究的教师队伍的不断壮大，以确保教育质量的提升。

① 李焱．大学英语课堂教学的理论与实践探索［M］．北京：光明日报出版社，2018.

第七章　英美文学教学理论与教学实践研究

第一节　多元智能理论与英美文学教学

英美高校在文学理论教材方面具有丰富的经验，有许多值得我们借鉴和学习的地方。英美高校在文学理论教材编写方面，通过构建完备的理论体系、强化理论知识的先行与渗透、提供更丰富的文本例证与延伸阅读等方式，使学生能够获得较为全面深入的理论知识，并能运用于实践。

1983 年，美国哈佛大学心理学教授霍华德·加德纳（Howard Gardner）提出多元智能理论（Multiple Intelligences，MI），为改革英语专业教学提供了新的理论视角。多元智能理论强调人的才智是多方面的，不仅限于语言和逻辑，英美文学教学也需要关注和发展学生不同的才智，不应过于强调理性和语言能力。人可以通过不同的途径来理解和表现世界，不仅限于语言和文字。这为英美文学教学提供了更加丰富的教学手段、活动设计和作业形式。可以采用音乐、舞蹈、图片等不同形式激发学生的学习兴趣和理解文学作品。多元智能理论强调人的才智具有个体差异，每个人都有自己的优势才智。这要求英美文学教学也需要重视学生个体差异，采用个性化的教学方式，发展每个学生的优势才能。不能“一刀切”，忽视学生之间在文学学习上的差异。人的思维活动涉及多种才智的综合运用，英美文学教学也需要培养学生不同才智的综合运用能力，而不仅停留在某一种才智的运用上。可以设计综合性的学习活动，要求学生运用多种才智理解和欣赏文学作品。多元智能理论强调创造性思维的重要性，这提醒英美文学教学也要培养学生的创新精神和创造性思维。可以在教学中设计开放性的问题，鼓励学生独立思考，提出新的理解和看法。并在作业设计中加入创意性成分，激发学生的创新思维。

多元智能理论为英美文学教学提供了新的教学视角与思路。它关注不同的才智与学习方式，重视学生的个体差异与创新精神，提倡不同才智的综合运用。这需要英美文学教师不断学习理论，丰富教学方式，发展个性化教学，培养学生的创新思维，实现从多元视角来认知和欣赏文学作品。单一化和标准化的教学已经无法适应新的教学要求。多元化的理念和方法正成为当代教学改革的重要趋向。

一、多元智能理论概述

（一）多元智能理论的含义

多元智能理论的提出者是美国心理学家加德纳，他在 1983 年提出该理论，促进了教育领域的改革与发展。其理论内容也逐渐丰富和发展，对当代教育产生了重大影响。多元智能理论的主要含义有：

（1）人的智能是多种多样的。人不仅具有语言智能和逻辑智能，而且还具有音乐智能、空间智能、身体运动智能、人际关系智能等多种智能。这些智能之间既有区分，也有联系，共同构成人的综合智力。

（2）人可以通过多种途径理解和记忆世界。不仅依靠语言和文字，而且也可以依靠图像、音乐、动作等。不同的人会倾向于选择和发展不同的理解途径。

（3）每个人都有自己的智能组合和学习风格。虽然都具有各种智能的潜质，但是每个人的优势智能和学习 Preference 都是不同的，这是人与人之间一个很大的变量。

（4）人的思维活动涉及多种智能的综合运用，而不仅仅依靠某一种智能。有效的学习也需要发挥和培养不同智能的协同运作。

（5）创造力的生成需要多个智能的配合与支撑。单一的学习方式和评价方式不利于创造性思维的养成。

（6）教学也需要关注学习者的多元智能，采用多元化的教学方式。不能过于强调某一种智能的培养，应该提供吸引不同学习者的学习活动。

（7）学习成就的评价也不能仅从某一种角度进行。需要综合运用各种评价方式，从多角度评价学习者的优势和潜能。

所以，多元智能理论强调人的才智是多方面的，学习和思维也需要多种智能的配合。这要求教学也提供多元化的方式，关注学习者的个体差异，培养不同才智的综合运用与创新精神。它为个性化和创新性教学提供了理论基础。

（二）多元智能的构成

人类的智能（intellect）是不受感情或意志左右的冷静思考或领悟能力。它能解决某一问题，或者创造某种产品，在特定文化或环境中是有价值的。智能有其本身特有的多元结构，每个人身上的智能都可以分为八层：①语言智能，这是我们学习语言的基本先决条件；②数理逻辑智能，这是人类发展科技的基础；③空间智能，让人类对几何的研究深入细致，也建造出精美绝伦的建筑；④身体运动智能，让我们开发出身体的潜能；⑤音乐智能，它创造出了经典名曲；⑥人际交往智能，构建出人与人之间和谐的关系；⑦自我认识智能；⑧自然观察者智能，这是心理学和哲学发展的基础，也是人们不断自我成长的原因。

1. 语言文字智能

语言文字智能是人类口头交流的基本功能，利用语言表达思维、使用语言表达能力并理解他人语言内容的能力；语言表达的内容能以各种形式被保存下来，包括书面、音频、视频等方式。人类通过学习语言而习得语言承载的文化和智慧结晶，一代一代传承并发展着作为人特有的智慧，并留下大量的生存记录。

2. 数理逻辑智能

数理逻辑智能一直被视为智能的核心，它并不是简单的加减乘除计算能力，而是包含远远不止这些的其他能力，如事物的分类、推论、证明等操作能力，还有命题、函数、逻辑类型等抽象能力。它是所有科目的基础，也是现代智能时代发展的基础。数理逻辑智能的高低决定了一个人学习内容的深度。

3. 视觉空间智能

视觉空间智能是指一个人通过自己的视觉能力，准确地感受周围的空间，并把这种感觉表现出来的能力。它包括对色彩、形状、空间、线条、层次以及它们之间关系的感知力。视觉是人类获取知识、认识世界的重要工具，它借助感受、辨别、记忆和改变物体空间的关系并借此表达思想和感情。

科技的发展推动了视觉空间智能的现代使用方式，视觉空间智能也得到了越来越广泛的应用，例如机器人导航、虚拟现实、增强现实等领域。人类通过感知和理解视觉信息，综合视觉系统的复杂结构和功能，包括眼球、视网膜、视神经、大脑皮层等部位的协同作用，能够在三维空间中进行决策和行为。视觉空间智能使人类能够感知和理解周围环境，并对空间关系和方位进行准确的认知和操作。这种能力在很多日常活动中都具有重要意义，例如交通驾驶、运动比赛、战争行动等。

4. 身体运动智能

身体运动智能是运用整个身体或身体某个部分进行物体操纵或控制物体的能力，它体现了身体做各种运动、表演各种造型、技巧的协调、力量和平衡力。运动智能的发展很重要，它不仅能带给人们健康、愉快的生活，还能锻炼身体的极限，参与专业比赛，专业体育比赛是以身体练习为基础，也能反过来提高人的运动智能。一个人的运动智能具有遗传性，也受后天的养育和发育程度影响。

5. 音乐韵律智能

音乐韵律智能是指人们感受、辨别、记忆和表达音乐的能力，对环境中的非言语声音，包括对曲调、韵律、节奏、音高、音质的敏感度，也就是日常生活中我们所说的乐感好。音乐韵律智能高的人，即乐感好的人，不仅能快速地学习音乐、乐器，而且还能更好地欣赏含有韵律感的作品，如诗歌的韵脚。人们通过音乐可以表达社交需求和情感状态，减少焦虑。音乐也是一种语言，是表达情感、沟通人与人之间关系的桥梁。

6. 人际关系智能

人际关系智能是指能够相对较好地处理自己与他人之间的关系，建立和谐的相处模式。这项智能涉及了解自己的需求，并观察对方的感受、情绪和反应，据此做出相应的回应。不仅要顾及自己的心理需求，也要能站在对方的角度思考、解决问题。借助一些肢体语言的知识，能够更好地观察对方行为的暗含内容。提高人际智能，可以从建立好的人缘入手，比如学会赞美别人、容忍别人的批评、乐于助人、减少抱怨、控制自己的情绪、懂得尊重别人、学会倾听、懂得珍惜对方的付出、时时常备宽容之心等方式。

7. 自我认识智能

自我认识智能是个人对自己的认知和了解能力，能够感受到自己的情绪和感情，是一种自我觉察。自我觉察并不仅仅是反复思考、深思熟虑，如果不能接纳自己的感受和情绪，这种理性思考并不能真正地认识自我。自我认识也不能全靠反思自己的过去，而是要以放开的态度，包容自己，联结自我和客观外界，允许自己不停地通过体验发现自己的极限。自我认识智能偏重于关注自己的感受，比如：我现在的感受是什么？我在做什么，我喜欢这样做吗，等等。自我认识除了向内观，也可以借助亲密关系，在对方那里得到更为清晰、旁观的了解，伴侣可能比自己更了解自己。

8. 自然观察者智能

自然观察者智能指的是人对外界万事万物的观察、识别、分析整理归类，并在不同事物之间发现规律和联系的能力。它是人类的知识、智力和多种才能的总和，是人类对客观事物进行合理的分析、判断及有目的地行动和有效地处理周围环境事宜的综合能力。自然观察者智能典型职业有：生物学家、生态学家、化学家、天文学家等。

（三）多元智能理论的特征

1. 多元性特征

多元智能理论认为，这八种智能因素是多方面相对独立地表现出来的，它们同等重要，不能将语言智能和逻辑数学智能置于最重要的位置，学生是否有良好的表现，在很大程度上取决于学生是否拥有运用语言和逻辑数学之外的智能。①

2. 整体性特征

根据多元智能理论，每个人身上都同时拥有这八种相对独立的智力能力，它们同等重要，并以多元方式组合在一起，作为一个整体存在，呈现出一个人的综合智力水平。

3. 实践性特征

多元智能的存在有遗传因素也有后天的发展和增长。多元智能可以在生产和社会实践中得到应用和发展。它是人们进行创新和发明的原动力，能够帮助我们发现问题、解决问题。

4. 差异性特征

多元智能理论认为，虽然每个人身上都具有这些相对独立并完整组合的八种智能，但是每个人所具备的相应智能水平并不相同。当每个人的智能优势结构不同时，呈现在个人身上就是不同的智力优势。这种不同呼唤“个性发展”，根据自己的优势有选择、有重点地培养某方面的技能，可以做到事半功倍。

5. 开发性特征

多元智能作为一种新的人类智能结构理论，认为人类思维和认知方式是由每个人的智力潜能决定的。智力潜能可以被开发和提高，每个学生的智力潜能不同，可以根据各自的特点，为他们提供适合的教育和训练，激发其潜能并扬长避短。教育应创设多种多样的环境和条件，为开发学生的智力潜能提供多样化的选择，充分发展每个人的独特优势。开发的程度越深，智能水平就越高，整体的社会人力资质就越高。

（四）多元智能理论的意义

加德纳的多元智能理论取得了以下三方面的突破：

1. 智能观方面的突破

多元智能理论解释说，每个人的智力都是多方面的，不是所有方面都能达

① 刘媛．新时代高校英语教学研究［M］．北京：北京工业大学出版社，2019.

到最高水平，但有些方面是最好的，每个人的最佳智力单位是一样的。智力不再是指传统的逻辑和数学智力，或以逻辑和数学智力为核心的智力，而是指通过优质教育强调的实践和创造能力。为此，教师开始打破按照单一标准单方面评价学生的误区，因势利导，针对每个学生的智力优势、学习特点，采用多变的、适应性强的、可选择性的教学方法。

2. 智能整合方面的突破

智力是多元智能的综合呈现形式，人类的智能往往以综合的方式实现其价值。以各种组合形式出现的不同的智力水平会在学生中产生差异，因此有必要通过整合多元智能发展的条件，促进学生的多方面智能发展。在教学实践中利用相关的教育技术，把多元智能的各种特点突出呈现，主动构建知识、经验和能力的空间，拓宽学生发展智力潜能的渠道。

3. 学生观方面的突破

多元智能理论认为，我们应当重视每个学生的个性和学习特点，提供与学生的智力水平相应的教学方式。教育应当尊重每个人的学习方法，相信他们的智力潜能，提供给学生表现和创造的机会。教育技术的多元化和智能的多元化是可以结合起来的，把现代教育技术应用于多元智能开发，可以为学生提供新的学习方式。教育技术可以作为开发智能的平台，为学生提供充分的学习资源、物质支持和促发机制。总之，教育需要以激发每个学生的潜在智能为基础，通过创造不同的情境，让学生展示自己的智能，并为每个人提供不同的机会，发挥其优势，避免其劣势，从而充分发展其个性。

二、基于多元智能理论的英美文学教学设计

在英语教育中，基础阶段的学生初步掌握了一定的语言技能，他们可以利用这些技能逐步发展其他技能并进一步应用。在高等教育的第一年，语言输入和输出并重，在打好语言基础的同时，学生要加强在实践中运用语言的能力。在高等教育的第二年，学生进入比较深入的专业知识学习，包括英美文学。英美文学内容丰富，语篇很长，英语教育需要根据教育目标，对语言能力的培养给予不同的重视。在教育理念上，要摆脱原有的以英语技能的阅读和输入教学

为主的理念和体系，转向强调语言表达和交流能力的培养，特别是听力理解和对话能力的培养。

（一）多元智能理论指导教学的必要性、可行性与优越性

1. 必要性

关于对智力的定义和认识，多元智能理论与传统的智力观念不同。传统的智力观认为，智力的高低可以用智商 IQ 来测试，人的智商是把教育评价的重点放在这两种智力上。这种教育理论并不能促进学生的全面发展。由于缺乏对多元智能理论的掌握，特别是在大学的英美研究教学中，大多数教师仍然只注重以一种形式和策略进行语言技能和话语的教学，忽视了语言技能的整体发展，特别是多元智能的发展。只有一种形式的教学和评价，没有考虑到学科的整体性、情境性、多元性和发展性。

多元智能的发展过程是一个培养学生素质的过程。英美文学教学是注重培养学生多方面能力的素质教育的重要领域，借助于丰富的多元智能活动形式，可以在英语教学实践中激发学生的兴趣，提高教学效果，培养学生的智力。因此，将多元智能理论融入英语文学教学是可行的。

2. 可行性

加德纳的研究结果显示，每个孩子都有潜在的天赋，只是表现的方式不同。每个人都有不同的学习方式，不同的工作方式，以及他们所倾向的不同气质。因此，在学校教育中，不应该对所有的人一视同仁，智力是不固定的。在英语文学教学中，教师要意识到，语言学习能力低下并不是智力低下的同义词。任何智力都不能单独存在，当所有智力都被积极利用时，语言学习是最有效的。多元智能理论给新课程改革带来的最大好处是对教育概念的更新。它是以人为本的，要学会尊重人、欣赏人和培养人。这与中国在 20 世纪末制定的优质教育目标是一致的。

近年来，多元智能理论在国内外引起了极大的关注，美国、澳大利亚都在进行这方面的教育改革实验。在中国，多元智能理论被视作素质教育的理论基础。

3. 优越性

第一，多元智能理论风靡全球，在许多国家被教育工作者广泛接受，有很

多文献对此进行了研究，从不同层面、不同角度构建了多元智能的理论大厦。一个更完整的理论体系还可以让教学研究从一个相对较高的基线上，使其在实践中更有价值和实践意义。

第二，多元智能理论与中国引进的素质教育理念密切相关。素质教育主张发展学生的综合素质，而多元智能理论则主张发展学生的多元智能，其含义几乎是一样的。同时，多元智能理论在一定程度上也构成了中国引进的素质教育的理论基础。

第三，多元智能理论的强大操作性保证了其在英语文学教学中的应用潜力。迄今为止，国内外对多元智力理论的研究早已达到了课堂实践的层面，在课堂上开发学生智力的各种方法也已汇编成册。这些理论的具体应用为大学英语教师提供了参考、借鉴和指导作用。

多元智能理论正在为教育改革产生新的思路。这一理论对教育最大的意义在于，它不仅走出了过去以传授知识为主要目标的阴影，而且将教育的目的转向了培养和发展学生的智力，改变了传统的单一智力观，要求以发展学生的多种智力潜能为基本目标。从填鸭式的教学方法转向强调以学习者为中心的自主外语教育，发展“人文外语教育”，这与多元智能理论的精神是一致的。学生有各种各样的个性，都有先天的潜力。他们需要被训练去发明、发现或创造性地解决问题。在英美文学教学中加入多元智能理论指导，帮助学生用更科学、更合理的方式，学习内容丰富的文学课程。

与传统的双因素或认知型智力理论相比，多元智力理论具有更大的教学意义，多元智能理论可以帮助学校教育转变成“以学生为中心”的教育模式。

（二）基于多元智能理论的英美文学教学原则

1. 以人为本原则

以人为本是一种现代政治概念，其核心是相信人、尊重人、依靠人、培养人，使他们能够积极愉快地学习、工作，更好地受益，并进一步发展。以人为本，表现在教育上，就是以学生为中心。以学生为中心意味着相信、尊重、依靠、培养和尊重学生的发展规律和适当的需求。以人为本的实质是践行“以学生为中心”的思想，即强调人的主体性，诚信地服务于学生。

多元智力理论认为，每个学生都有一个占优势的智力领域，但组合和程度各不相同，每个学生都是值得培养的人才。重点不应放在哪些学生聪明，而应放在他们在哪些领域聪明。传统的智力理论只关注语言、数学和逻辑智力。与此不同的是，多元智力关注的是学生要“拥有什么样的智力”。学生的智力没有差别，只是智力的性质和结构不同。将多元智能理论应用于实际研究，建立以学生为中心的“看到差异，善待差异”的方法是非常重要的。

我们的教育必须真正包容所有的学生，发扬每个学生的长处，弥补他们的短处，为他们创造不同的智力情景，激发他们的个人潜能，充分发展他们的个性，为他们最终的成功奠定基础。

2. 因材施教原则

多元智力理论的前提是，世界上没有相同的两个人，我们制定有效的“以人为本”的课程方案，以适应不同的智力结构，最大限度地增加每个学生的成长机会，也就是说，使每个学生能够实现“原创”和“成功”，我们的目标是实现这个目标。这一理论构成了课程设计的理论基础，是教师设计课程和创造教学情境的重要基础。

多元智能理论主张采用“对症下药”的教学方法。这意味着教师应尽可能针对不同学生的智力特点进行教学。多元智能理论颠覆了传统的智力观，即注重语言、数学和逻辑能力，认为每个人都有不同的智力领域、不同的学习方式和不同的学习方法，学校里没有差学生。重要的是要不断灌输这样的信念：所有学生都有在一个或多个领域发展的潜力，只要有正确的教育，所有学生都能成功。与这一理论相一致，英语教师需要培养学生的观点，即每个人都是有天赋的，没有人拥有一切，只要发展他们的长处，避免他们的短处，任何人都可以成功，发现那些传统上“成绩不佳”的学生的长处，并给那些在传统课堂上失败的学生以成功的机会。

3. 协调发展原则

高校英语教学不是唯分数论的，相比传统教育模式，能为学生提供比较好的以素质教育为导向的教学方式。在教学中教师发现学生的个体差异时，应给予尊重，允许学生表现自己的优势，鼓励他们扬长避短。同时，教师还要主动带着寻找的眼光，去发现每个学生的强势智能，因势利导，促进其积极发展自己的强项。对于学生智能的短板，教师也要有理解和包容之心，允许学生有弱势的地方。每个学生都是多项智能的综合体，教学目标的制定就应当建立在尊重的基础上，提供给学生全面、包容的发展机会。

4. 多元多维评价原则

传统教学模式对学生的评价是以分数为主的，方法过于单一，不能保证评价的效能性。学生的学习是一个过程，关注学生的学习效果要从多角度入手，平时的表现也应考虑在内，动态化地看待学生的学习成绩。

涉及英美文学教学时更是如此。英美文学的内容繁多，期末卷面成绩并不能全面地呈现学生多广泛的文学作品、文学史的掌握情况，毕竟卷面的篇幅有限，考察形式也比较单一。

多元评价体现在评价的价值取向上，注重学生的动态发展，综合考虑学生的多元智能。尊重被评价者的人格，以促进学生的健全发展为主；在评价的远景目标上，要以学生的长期发展为导向；评价的内容以过程性为主；评价的性质应尽量靠近科学化；对于学生的共性和个性，应同时兼顾，呵护个性的同时，进行共性差异的考量。

（三）基于多元智能理论的英美文学教学方法

教学方法涵盖了教学的指导思想、课堂掌控手段、师生关系的建立、教学内容的呈现方式等几个层面。教学方法既包含了教师的教也包括学生的学，是教与学两个方面相辅相成的双维度。

英美文学教学难度较大，要传授的内容很多，文章语言复杂，体裁多样，如何做到科学的教和科学的学，是每一位教师都要认真研究的。教师如何设计课堂教学，在有限的课堂时间内呈现特定的内容，用什么方法呈现，如何保证学生的习得效果，这是一门综合性强、难度高的课题。

针对英美文学课程的特点，教学上可以考虑构建新型的英美文学教学模式。比如，鼓励学生使用“自主性、开放性以及合作性”的学习原则。建立学习小组，开展合作学习，促进学生互相合作，共同研究某一个文学流派或典型代表作家。在交流合作中，互相学习对方的思维角度和独特之处，能提高团队合作意识和沟通技能，也能更深入地掌握文学知识。还可以采用以下教学方法：

1. 交际教学法

英美文学教学可以采用交际教学理论，交际教学法认为，语言具有“交际能力”和传达“文化社会意涵”的功能。其中的语篇功能可以和英美文学的作品赏析结合起来，利用交际的语篇功能进行文学作品的学习和分析。

交际教学法以达成教学功能性的任务为主，应用到英美文学教学上，可以使用场景再现文学内容的形式，把文学作品中的冲突用表演的形式呈现出来。这样可以让学生更好地理解内容，并在改编语言形式的过程中得到语言技能的提升，同时完成英语技能和文学鉴赏。

2. “自主学习”教学法

在英美文学教学中，教师应转变教学观念，放弃传统的以教师为主体的教学模式。教师要敢于下放“权力”，学生能做的教师不做，课下能做的课上不做，尽量把任务分配给学生，把课堂时间匀出一部分给学生展示，把学生能自主学习的内容推到课下去做。这样就能盘活教与学的动态机制，以学生为中心，让学生有充分的自由和机会使用语言。英美文学教学比较适合使用自主学习的方法，因为文学内容丰富，单靠课堂时间是不能完全掌握的。教师可以设计一些活动，鼓励学生在课下进行自主学习，如文学史部分可以交给学生自主准备，让学生分组选取不同历史时期，做出相关课件，在课堂上进行展示。这部分文学史的历史背景介绍学生可以做并且有能力做好，教师就应该放手交给学生。实践证明，学生的自主学习和自主研究能力还是很强的，能做出相对完整和有深度的课件。

3. 任务型教学法

任务型教学强调的是创设真实情景，让学生在完成任务或者分析问题、解决问题的过程中进行学习。任务型教学迎合了学生的基本心理需求，学生在完成具体的学习任务后会有心理的满足和成就感。任务型语言教学要求教师在设计教学活动时，应该从学生“学”的角度入手，创设一个目标很明确、难度有层次的任务，使学生在完成任务的过程中不断地获得知识。

任务型教学可以应用于英美文学教学中，教师首先要做的就是布置任务，让学生在任务驱动下有目标地学习，能够提高学生的学习兴趣并增强学习动力。比如在讲解朗费罗的《人生礼赞》时，可以布置以下任务给学生：这首诗歌的9个小节讲了几个要点，诗歌的逻辑结构是什么？作者的目的是什么？让学生带着这些任务展开诗歌的朗读，学生能在探索的过程中得到一次次发现的喜悦。在学生表达完自己的理解之后，教师进行更进一步的点拨，从更高的角度引领学生深化对诗歌的鉴赏能力。

（四）基于多元智能理论的英美文学课堂教学要求

1. 寻找最恰当的切入点

在设计课堂教学的时候，教师要从学生的角度出发，了解学生的前理解程度，学生对要讲授的内容到底知道多少。只有清楚了学生所站的高度，教师的课堂教学才能对接上学生的要求。不重复学生已知的内容，也不重点讲解学生根本不可能理解的深度。最好的教学应该是在一定范围内拔高学生的认知，引入让学生恍然开悟的角度，教会学生赏析文学作品的多层次性和可能性。让学生习惯以开放的心态和接纳的包容去了解新知识，然后根据自己的喜爱进行取舍。

2. 教学设计必须有系统性

每一次的课堂设计都可以是一个单独、完整的单位，包含着丰富的内容和生动的活动。但是，从长期的视角看，每一堂课又是处在一个链条上的一环，它应该具有承上启下，服务于整体的作用。也就是说，课堂设计不能是孤立的，而应具有延展性和系统性。

例如，在美国文学教学中，文学史可以从美国短暂的史前时代开始，用上10分钟就可以介绍一下美国的开端。这一个小环节可能只是课堂设计的较小部分，但它在整个的美国文学史上也起着很重要的作用。美洲的发现故事版本众多，也为丰富的美国文学奠定了传奇基础。

3. 创设一个多元化的教学环境

在英美文学教学中，可以使用的多元化资料还是很丰富的。英美文学作品汗牛充栋，对同一个作者，我们可以找到无数的相关研究文献、不同版本的采访资料、传记、自传等。对某一个作品，我们也能找到研究论文，改编的视频、音频，对其主题的解读和文学批评。教师在备课准备过程中，可以扩大资料搜寻的范围，充分利用现代科技手段和便捷的网络资源。如哔哩哔哩网站上有很多质量很高的视频资料，在讲解 *The Story of an Hour* 时，就能在网站上找到很多外国教师对该小说的解读，全面而深刻。教师可以借鉴在自己的课堂上，对这个短篇小说也有音频朗读，可以播放给学生赏析原著语言的美。

（五）基于多元智能理论的英美文学教学策略

根据多元智能理论，每个学生身上都有八种智能，某些智能明显，某些智能较弱，呈现在具体的孩子身上，他就有了不同的优势和弱势。教师在教学的时候，要善于引导学生发挥自己的潜能，调动他们学习的兴趣和积极性。比如，当学生拿到任务“爱伦·波的创作风格”时，小组成员就可以根据各自的智能特点进行分工。擅长应用网络技术的人在自己的小组里可以负责收集资料，为任务型学习提供充分的资料供应。善于整理资料的同学，就可以负责把资料整合在一起，提取要点和精华，结合老师要求，写出课堂讲解要呈现的文字稿。而善于表达和演讲的同学，则可以代表小组进行课堂演示，把其他同学前期所做的努力，以较为完美的形式呈现出来。大家通力合作，相互托举，做出非常优秀的作品，完成任务，并在此过程中享受互相合作和沟通的愉悦。

在具体的教学中，还有以下策略可以借鉴：

1. 利用语言智能，培养能力

语言智能高的学生，有能力快速地学会英语口语表达，提高听力水平，理解新闻时事，在英美文学作品阅读中也会较为轻松，能快速抓取到语言背后的思想和要点，不会被语言本身困扰。尤其是文学中的诗歌学习，语言智能高的人能更好地抓取诗歌的节奏、韵脚、语言的美。在快速理解的基础上，他们还能较为轻松地表达出自己的理解，并能强闻博记，旁征博引。

对于这些学生，教师在课堂上的点拨是画龙点睛，能帮助他们更进一步地发展语言智能。对于其他学生，那些语言智能不够强，在阅读甚至语法上都有困难的学生，教师也应该用心帮助，给他们充分的时间去准备，也可以在课下增加一对一的指点。教师可以利用英美文学作品中各种各样的阅读材料，针对学生的各自特点，分别布置任务，按照难度不同、材料内容和学生的兴趣点对接。

2. 利用逻辑数理智能，增强逻辑思维能力

英语专业的学生经常呈现出欠缺逻辑数理智能的现象，部分原因来自于英语专业的授课内容。英语是一门应用技能，更偏重于工具性。在学习英语的过程中，大多是记忆为主，反复操练，应用到逻辑数理思维能力的地方很少。导致学生学习的模式越来越机械化，而缺少了思辨判断能力。

基于英语学习的特点，教师应更加关注学生的逻辑数理智能发展，在教学中想方设法利用阅读材料锻炼学生的思辨能力。比如，文学作品中会出现一些比较陌生的词语和表达形式，教师可以鼓励学生根据语篇线索和上下文，猜测生词的词义，锻炼推测、推理能力。

教师也可以让学生在进入文学作品阅读之前，根据书名先进行预测和自我创作，试着用自己的想象去创作。然后进入作品和作者的写作进行比对，在这个过程中添加了自己的思考，而不仅仅是直接接受作品的所有内容。同样适用的还有，在每一章结束时都进行思维导图构建作品的框架结构，并对下面一张展开推测。教师可以在细节上下功夫，从帮助学生的角度进行备课和课堂设计。

3. 利用视觉空间智能，培育创造力与想象力

现代科技的发展，让学生的语言学习变得方便、快捷，丰富了学习资料的获得渠道，增加了学习的趣味性。学生可以不用单纯地依靠纸质教材的书面资料学习英语，网络资源取之不尽用之不竭。学习的资料多了，方法也多了，各种各样的图片、视频、图表数不胜数。

利用这些丰富的网络资料，可以激活学生的视觉空间智能，把学习内容和智能潜力相联结，既有助于提高学生的学习效果，也有助于推动学生的视觉空间智能的发展。

练习使用思维导图是一个很好的学习手段，借助空间智能和逻辑思维智能画出文学作品的整体结构，既能体现学生的理解程度，也能锻炼学生的提炼信息要点的能力。

文学作品的情节曲线图也是可以和视觉空间智能相结合的，所有的作品都有情节发展和矛盾冲突。可以让学生练习情节曲线的描画，分为每个章节的小

情节或整个作品的整体情节。利用视觉空间智能，把学习对象变得形象化，构建文学作品的空间形式，能够促进学生的空间想象力和创作力，更全面地发展各项智能。

4. 利用音乐智能，增强语感和语言文化的熏陶

英美文学能用到音乐智能的地方，可以结合诗歌的音频赏析。教师引导学生聆听音频中的诗歌节奏、韵脚，欣赏诗歌的音乐美。也可以让学生自己朗读诗歌，体会语言的节奏美感。

网络上有很多经典小说的英语音频，也能用来通过听来赏析，感受英语语言的声调美、发音美。另外，英语文学作品改编成的影视剧中，会有旋律优美的插曲，让学生接触英语歌曲，可以增强对英语的感性体验，了解英语语言通过音乐节奏传递感情的表达力。

教师可以利用教材内的或经典传唱的音乐资源，把歌曲与课堂教学内容有机地结合起来，如：Yesterday Once More，Country Road，Take Me Home，I Love You More Than I Can Say，Seal with a Kiss，Right Here Waiting For You 等经典歌曲，可以在课间或课上适时地运用，利用优美的旋律帮助学生消除压力和疲劳，又能活跃课堂气氛，激发起学生学习英语的兴趣和动机。

学生对音乐的感知力强，善于模仿，普遍比较喜欢音乐。音乐能带来轻松愉快的学习环境，在放松的时候学习效率会更高，所以用音乐为媒介，目的是在优美的旋律中感知英语的语感和文化。歌词和诗歌有一致性，都偏向于抒情和优雅，听歌、唱歌有利于英诗的学习。

5. 结合身体运动智能，在英美文学教学中体现“在做中学”

英美文学似乎和身体运动智能的结合点不大，但是如果能让学生在学习的过程中加入运动，学习效果将会更好。英美文学作品中戏剧和冲突性强的小说可以让学生改编成剧本，表演出来。通过肢体语言和身体的移动，呈现出作品的内容。只有理解得足够深刻，才能表演出作品的主题。

身体运动智能是指灵活运用整个身体来演绎思想和情感。身体运动智能高的学生反应能力较好、动手能力强、表演流畅传神。在英美文学教学中，教师可以考虑适合表演的作品，提前布置给学生，让学生以小组为单位准备剧本。

在期末的时候，各个小组进行表演，做成晚会的形式，邀请其他班级学生和老师进行观看。

教师在教学中应尽可能多地为学生创设适合表演的动态学习环境，让学生有机会站起来，结合肢体动作，表达出对文章的理解。在表演的过程中，学生可以练习语言与肢体的配合，以及动作和表情的协调，声音也需要洪亮，能让所有观众听到。在大声呈现台词的过程中，学生能更感性地了解英文语言的表现力和语音语调的特点。学生在进行作品表演的准备时，可以利用网络资源，参考经典英剧、美剧的表演，通过戏剧性的表演学习英美文学。

6. 利用人际关系智能，开展合作学习

人际关系智能是与他人交往和合作做事的能力。对学生来说，人际关系非常重要，影响着他们的情绪和学习状态。人际关系智能较强的学生和人相处毫不费力，敢于自信地张扬自己，也能让人喜欢自己。他们呈现出幽默风趣、大胆自信的样子，说什么似乎都是顺理成章的。人际关系智能弱的学生常呈现出害羞、胆怯、缺少自信，对友情的渴望比较大，内心力量不够强大。他们的学习状态很容易被自己的情绪影响，教师更应关注这部分学生。对于这部分不敢表达的学生，教师可以耐心鼓励，呵护他们每一次勇敢说话的决心，给予更多的机会，让他们去锻炼自己。

英美文学教学中，教师在设计任务型教学活动时，需要把学生分成不同的小组，这个时候应考虑让外向型的孩子和内向型的孩子分在一起，在外向孩子的影响下，内向孩子也会得到勇气和力量。当合作的氛围被外向孩子带到热烈轻松的时候，内向孩子的内心焦虑就会降低，更倾向于说出自己内心的真实想法。这样就能完成小组成员之间的沟通，反复多次的正向反馈会逐渐构建起他们的自信心，让每一个孩子都能沉浸在舒适的自我状态里。

教师用心地为学生们创设舒适的人际交往环境，对学生的学习作用非常大，孩子能从内耗的沮丧情绪中抽离出来，才能全身心地投入到学习中去，这样的学习效果才是最好的。学生感觉到老师的善意和鼓励，有利于构建和谐的师生关系，也有利于教师的话语被接受。

7. 发展自我认知智能，积极开展自主外语学习

自我认知智能是拥有自我探寻的意识，主动发现自我、检视自我、以自我

为课题，不断精进和成长。这个智能非常重要，可以说决定着学生觉醒的早晚，也影响着一个学生的学习和人生的成功时间。如果学生的自我认知智能较高，那么他就会更经常向内观照，习惯反思自己，也更容易认识到自己的优缺点，对所做的事情有清晰的目标，对自己的思考有清楚的导向。这样的学生一般不需要老师多费口舌，自己内心清楚得很，并且会主动找老师进行探讨，甚至会评价老师做得好与不好。

有能力主动地去了解真正的自己，这样的学生非常难得。他们有思想、有主见，不仅自我反思，也会带着批判的眼光去观照他人。为了不断完善自己，他们自发地很努力，经常自我激励。他们观察别人但不盲目从众，他们以自我成长为中心，学习主动性强，不需要老师多费精力就能学得很好。

在英美文学教学中，教师可以减少对这部分学生的时间和关注投入，因为他们是注意力低需求的学生。而对那些自我认知智能比较弱的学生，教师可以多加关注，多提醒和点拨，让他们能往自我认知的清晰度上努力。多以提问的方式启发学生，让他们意识到自己关注度比较欠缺的地方，锻炼自我认知智能。提高自我认知智能是事半功倍的好策略，认知清晰的学生能很快地转变为积极地自主学习。

教师应有意识地关注学生多元智能的发展，针对性地采取不同措施，有效提高学生的相关智能锻炼水平，使学生构建起完整的智能发展体系，有助于教学效果的提高。在教学设计中，教师应积极探索，推陈出新，注重学生的独特之处，尽量多地创设情景化教学。

第二节　建构主义与英美文学教学

一、建构主义教育理论的基本观点

（一）建构主义知识观

建构主义是关于知识和学习的理论。学生的主观能动性很重要。学习的过程是在原有的知识、经验的理解基础上构建新的认知内容，是逐步积累、增加的动态过程。在这个过程中，学习之外的其他因素也起着非常重要的作用，学生的个人经历、认知能力、生活经验、理解能力等都对新知识的吸收有很大的影响。建构主义理论关注学生的个人主体性，具有主观能动性的学生，只要具有足够的耐心和信心，集腋成裘，最终都能够获取到知识，认识到真理和客观规律。

建构主义注重解释人类学习过程的认知规律，阐释了学习是如何发生的、意义是如何建构的、概念是如何形成的，还有好的学习环境是怎样的，等等。建构主义的基本内容包括两个方面："学习的含义"或者"什么是学习"与"学习的方法"或者"如何进行学习"。

1. 从知识的本质上讲，知识是主观的

迄今为止，虽然科技发达、信息丰富，但是人类对世界的认识还是片面的，仍然有极大的未知世界。我们已经掌握的知识，只是我们主观对客观世界的一种解释或假设，它随着人们认识的深入而动态深入，可以被改写和发展，不是问题的最终答案。

我们所掌握的知识并不是绝对准确的，不能全面地概括世界的运行法则，也不适用于所有活动或问题。在处理具体问题的时候，需要针对具体的情景运用所学知识进行实际加工和处理。知识虽然通过书面的形式保存在了书本上，但并不是所有学生都能得到同样的理解。每个人的理解程度取决于他自身的经验背景和知识储备，以及特定情况下的学习状态。

2. 从知识的内容上讲，知识代表着经验世界

知识是我们认知的一部分，认知是主观的，知识也是主观的。知识反映了人类在特定阶段对客观世界的理解，受当时整体社会发展的影响，当科技不够发达，外部环境过于强大的时候，知识常常不能客观地反映真实世界。它取决于当时人们对世界的认知整体水平，也与个体的体验有关。

根据柏拉图的三张床理论，第一种床是理念的床，是存在大脑想象里的。它为第二种床提供了制作的根据和摹本。第二种床是物质的床，由木匠根据人们的理念仿造出来。第三种床是艺术的床，出自画家对实体床的模仿。柏拉图

认为，只有第一种理念的床才是真实的，木匠的第二种床虽然近似于真实体，但并不是真正的床，而画家所画出来的床则是在实物的基础上增加了自己的创作和模仿，就更低一个等级。从这个意义上讲，人类对世界的认知属于第三种床，在实体物质的基础上建构自己的理解。

3. 从知识的获取方式上讲，知识是内发的

任何形式的学习都不是由教师把知识传递给学生的单向过程，而是由学生的自己主观愿意接受的过程。简单、被动地接收信息并不能形成知识，那只是一种了解和知道，知识则需要主动地建构，加入自己的领悟和理解。它是基于自己的经验储备，对外部信息进行筛选、加工和处理，从而获得属于自己的理解。外部信息转化成知识是学生在旧知识的基础上建构而成的。在这个过程中，学生的原有知识储备发生了调整和改变。知识的学习不是简单的积累事实和信息，在新知识进入已有知识的储备过程中，发生了新旧知识经验的碰撞和融合，认知结构有了新的重组。

学生出于主观意愿自发的学习，是一种有生命力的、由内而外发出的渴求。这时学习就变成了快乐的事情，从“要我学”变成了“我要学”，请给学生更多的知识和指导，不但要指导是什么，还要指导为什么。它是学生对世界充满了好奇心的表现，包含对外部世界的观察、学习主体的感悟。因此，最好的教育就是刺激学生的学习自发性，激发学生的求知意愿。

4. 从知识的来源上讲，知识是有待加工的原料

每个学生都是带着自己生活中积累的经验来到学校的，尤其是大学生，已经有了十几年的生活和学习，对事情有了自己的主观看法，也有了一定的处理事情的方式和原则，当新问题摆在他们面前时，他们会基于自己以往的经验进行思考和处理。因此，可以说当学生面对新的知识，他们会进行各自独特的加工过程。

教师了解这一点对教学有指引作用，至少不能实行填鸭式教学，试图把知识单向灌输给学生。而是要创设学习环境和条件，了解学生的知识储备极限，在讲授新知识的时候，以学生的储备为起点，作为新知识的生长点。新知识并不是可以直接移植的成品，而是以学习材料的形式出现。学生需要利用这些材

料进行加工，并组装到自己原有的知识储备中，变成已有知识的一部分。

5. 从知识的功能上讲，知识是为了追求意义

人类学习知识的目的是什么？学习并不是单纯地为了认识世界和人类，也不仅仅是为了验证自己的主观认知和客观事实一致，这是没有意义的。只追求客观的正确性，就失去了主观学习的目的性。学习知识应该是为了提高自身的技能和解决问题的能力，这样才能更好地适应社会现状，更好地生存和发展。在人生的各种状况中，人们都需要知识来拓宽视野、增长智慧。

认知层次的提高、生活智慧的增长都能够提升我们的生活质量，从而更好地享受美好的人生。学习也因而有了意义，它让我们能更好地生活，有机会激发我们的创造力和创新精神，为社会做出自己的贡献。在满足了我们的生存需求之后，知识还能引领我们追求精神的满足和个人价值的实现，把自己的理想和抱负变为现实。所以说，知识对于我们的个人成长、对社会发展都具有不可忽视的意义。

6. 从知识的目的上讲，知识是为了适应环境

从某种程度上说，知识的学习可以帮我们更好地适应环境。在拥有一定数量的知识之后，人们能更好地应对各种现实挑战和社会问题。知识可以帮助人们理解自然规律、认识社会现象、了解人类行为，从而更好地认识世界，在生活中也就更从容和自信。良好的知识储备和较高的认知水平还可以让人从长远的角度规划未来，更接近人生目标的实现。

7. 从知识的效用上讲，知识是以丰富内心世界为追求

拥有了知识，智慧也会增长，对自我的认知也随之加深，可以说知识能够促进人们心灵的成长。而知识的积累是一个漫长的过程，人类在学校教育上花费十几年的时间，在工作之后还需要继续获取所需的知识，不断地自我教育，在有围墙和没有围墙的大学里保持学习。“活到老、学到老”是人类的追求目标，它贯穿了一个人全部的成长过程。

我们可以通过书籍、个人体验、亲密关系获取知识，让自己变得更加丰盈和有趣。在阅读书籍的过程中获得他人的经验，体验他人的人生，在体验生活的时候获得第一手的人生经验，在亲密关系中从他人身上看到自我。不管是哪

种渠道都可以获得个人成长的喜悦和心灵的满足。

8. 从知识的发展趋势上讲，知识呈多元化

知识的多元化有几个原因，首先，知识的来源是多元化的，现代社会人们获取知识的途径多样、快捷，早就超越了传统的纸质文本，单就网络资源来说就取之不尽用之不竭。其次，知识的内容也涉及各个领域，不管我们对哪个方向感兴趣，都能找到无数的材料和资源。不同领域的知识并不是割裂开的，而是相互交叉，文理兼蓄，丰富多彩。

拥有多元化的知识关键在于拥有一个开放的心态、持久的好奇心、积极的学习态度、对新事物的敏感性、并勇于从舒适区走出来。具体来说，可以行万里路，在旅途中增长见识，了解不同地方的习俗和文化。增加交流和分享的频率，与不同领域的人进行交流和分享，拓展自己的视野。参加文化活动，多去参观艺术展览、观看各种电影、话剧，增加文化知识。不断学习新技能，在工作之余增加一项爱好，通过爱好学到相对深入的知识。最常见的增长知识的方法还是读书，选择多种类型的书籍去阅读，以拓展知识面。

9. 从知识的形态上讲，知识是动态变化的

社会在发展，科技日新月异，我们对世界的认识也是在变化当中的，人类对大自然和社会各方面的认知也在不断变化和发展。不同时代和不同环境对人的影响也不同，人受制于自己所处的时代，对外部世界的理解也不同。我们应该保持开放的心态，保持自己知识框架的不断更新，才能适应变化的社会。只停留在现有的知识层面上，就会带着偏见去看世界，被时代慢慢淘汰。

知识的存在形态多样，它们各自独立又互相融合。例如，有书面知识，以文字形式保留下来的知识，是在某个历史时间点被创作的。虽然内容相对固定，但也可以被重写和改写，随着时代发展被更新。口头知识，通过口头的方式被传承的知识，常常用于非正式的学习或师徒传承技艺。口头知识的更新更加快捷方便，每天都可以有新的变化。不管是哪种知识，我们都不要过于确定，因为我们对宇宙万物的认知是片面和渺小的，太过绝对的确定会影响我们更新自己的知识体系。知识成为一种相对的存在，人类对知识的总结是一个永

不停息的探索过程，知识的形态不是固定不变的，而是动态变化的。[①]

10. 从知识的更替上讲，知识是一个调适的过程

知识的更替是指旧的知识被淘汰或更新，新的知识体系进入，这是动态和缓慢的过程。随着人类对世界认知的不断增加，新的发现和证据会出现并挑战我们的前理解和假设。社会的发展、政治的变革，都会影响知识的更替，在某些时代背景下，人们会被政治话语影响。

知识的掌握和理解也是一个需要调适的过程，尤其是在当下，人们的知识来源非常多样化，大数据也会推送我们喜欢的信息，我们容易陷入信息茧房，得不到全面的认知。即使对同一个知识，人们的理解和掌握也是不同的，我们需要调整自己的认知偏差，不断扩展和完善自己的知识体系。

（二）建构主义学习观

建构主义认为，知识的获得不能单纯地依靠课堂上老师的传授。它是借助教师和学习伙伴的帮助，利用相关学习资料，通过互动过程而建构获得的。建构主义学习理论认为学习环境中的四大要素是："情境""协作""会话"和"意义建构"。教师在设计课堂活动时，要考虑教学目标的达成，还要考虑学习环境中的情境创设是否有利于学生对所学内容的意义建构。协作对知识的建构所起的作用是动态和即时的。在学习的整个过程中，同伴之间的协作在搜集与分析学习资料时、提出与验证假设时、评价学习成果时彼此的启发和交流都对知识的最终建构起着重要作用。

会话是达到知识建构的重要手段之一，也是协作过程中不可缺少的环节。学生要积极参与会话，讨论如何完成规定的学习任务，不能被动等待别人做出决定，每个成员都应该对协作做出自己的贡献。大家在思维的碰撞中，得到对事物的深刻理解，不需要老师的介入就能完成学习任务。

（三）建构主义教学观

在学生的学习过程中，教师应该是学生知识建构的忠实支持者。教师要转变角色，从传统的传授知识的权威变成辅助学生学习的帮助者。教师的主要任

① 郭静．跨文化视域下的英美文学研究［M］．长春：吉林大学出版社，2021.

务是设计教学活动、提供学习任务和创设真实情景。鼓励学生表达自己对问题的独立思考和共同探讨，让学生可以通过讨论、表演、反思等方式完成学习过程。教师则逐渐减少对学生的控制，同时增加学生对学习过程的自我控制。

教师独占课堂的时间降低时，学生之间、师生之间的互动学习时间就会相应增加。教师需要在这个过程中为学生提供恰如其分的提示、真诚的鼓励、热心的辅导，以及学生需要的帮助与支持，促进学生完成知识建构的目标。

建构主义教学观认为，学生也要转变自己的角色，从被动地接受知识变成积极参与教学活动的建构者。学生需要在老师建构的接近真实世界的复杂情景中完成任务，学生在参与活动时需要采取新的学习策略，形成获取知识的新模式。在学习的过程中，学生应承担更多自我管理的责任，主动搜集和分析相关信息和资料，而教师处于辅助地位，为学生提供适时的辅导。

二、建构主义课堂教学管理原则

建构主义的教学模式是“以学生为中心”，在课堂上教师是组织者、指导者，为学生创设合适的情境，提供协作和会话的学习环境。使学生能充分发挥主观能动性，有效地实现新知识的获得。学生则是学习的主体，教材内容不再依靠教师来讲解和传授，而是靠学生主动分析和理解，成为建构意义的场域。

在建构主义课堂上，教师在设计学习任务时，目的要设定为让学生能更有效地适应世界。教师所设计的问题要符合学生的需求，能帮助他们学到真正的技能，帮他们获得解决真实问题所需要的能力。

教师所设计的任务可以从理论中来，也可以从现实中来，如果任务是模仿真实发生的案例，或者任务需要学生在日常生活中参与，具有实践性，就更能引起学生的兴趣和认真参与的积极性。在执行任务的过程中，教师应当把解决问题的自主权交给学生，给他们时间自己做出策略和方案，在需要的时候，教师可以引导学生的思维，不要太偏离问题。对学生提出的思路和观点，教师可以指示学生把思想放在更宏大的社会背景中检测，确认其在真实生活中的合理性。在任务完成之后，还要引导学生对所学到的内容和学习过程进行反思，发展学生的自我控制的技能，成为独立的学习者。具体来说，建构主义教学模式下的课堂教学有以下几个原则：

1. 理解

根据钟志贤教授的《大学教学模式革新：教学设计视域》，建构主义教学原则同样也可以运用到课堂教学管理上。课堂管理也是教学的组成部分，教师应做到理解学生、理解学生的学习过程，并据此创设适合学生的学习环境。了解学生的学习过程，每个学生都具有现实的发展水平和潜在的发展水平，教师应帮助学生从他当下的现实发展水平实现潜在的发展水平。备课的时候，教师应了解学生现在的发展水平，有的放矢地设计教学活动和教学目标。

第一，学习过程。根据学生的具体学习活动，学生的学习过程一般可以分为预习、听课、复习、作业等环节。根据知识获得的步骤，学生的学习过程也可以分为从点到线、从线到网、从网到面的逐渐递增并连贯的过程。从学习的阶段性来看，孔子认为学习过程可以划分为七个阶段：立志、博学、审问、慎思、明辨、时习、笃行等。总之，知识的获得是一个缓慢的过程，绝不是一蹴而就的。了解到这一点，教师就应对学生多一些耐心，在课堂设计中增加复习和检查的环节。

第二，创设学习环境。为了让学生能够在更有利、更舒适的条件下进行学习，学校应创设更好的外在环境包括：宽敞明亮的教室，舒适的座椅和书桌。软实力的提升也是一种学习环境，如充足的学习资源，足够的教材、参考书、实验器材等。教师的积极鼓励也是学习环境的重要环节，好的师生关系是学习的催化剂。同样，良好的班级学习氛围，也能为学生提供一个积极向上、有爱心、尊重、宽容的学习环境。

第三，建立学习共同体。学习共同体是由教师和学生共同组成的，探索和学习的社区。师生共同制定学习的目标，不断调整和反馈，进行修正。在这个共同体里，协作学习是核心。共同体应培养积极的文化氛围，如互相鼓励、尊重、反思等价值观。共同体应与时俱进，利用现代技术工具，进行探索和创新，教师应多提供开放性的问题，让学生尝试从新的思维角度发现和解决问题。

2. 预防为主原则

建构主义教学模式下，课堂上的活动和任务比较多，在学生学习的过程中，会出现多种多样的情况，面对复杂的课堂环境，为了避免纪律问题的发生，教师应该采取积极的管理态度，保障课堂秩序的稳定。对于可能出现的问题，提前制定应对措施，同时设立激励机制，提高学生的积极性和参与热情，构建良好的学习氛围。充分考虑学生的认知水平和兴趣爱好，采用适当的教学方法，让学生既能体验到学习的快乐，也能学到真实有用的知识。

3. 学生参与

在课堂教学中，教师应鼓励学生积极参与。鼓励学生有话可说、有事可做，激发他们的学习兴趣和个人潜能。教师能够根据学生的反馈，掌握学生对知识的理解程度。教师需要密切关注学生的言行举止，及时发现并调整课堂管理和教学方式。不同的学生有不同的学习方式，教师应采取多样化的方式，如课堂讨论、小组活动、角色扮演等，让每个学生都能找到适合自己的方式。在学生参与的过程中，教师需要尊重学生的独立思考和表达，鼓励他们展示自己的想法和见解，同时也需要引导和纠正错误的观点和问题。教师在课堂上也需要考虑学生的心理需求，关注学生的情感体验和心理状况，为学生提供温馨、和谐、友善的学习环境，从而促进学生全面发展和健康成长。学生的参与是课堂教学中的重要环节，教师需要通过多种方式来鼓励学生的参与，创造积极的学习环境，激发学生学习的兴趣和潜能。

三、全面细致的英美文学课堂教学管理设计

英美文学课堂教学管理的重点是活动或任务的参与情况管理，如何刺激学生参与的积极性、如何推动学生深入思考、如何让学生真正地交流起来、在小组活动中倾听和表达彼此的观点、如何有效评价和反馈，以及后期如何从活动中总结经验。大学课堂的纪律方面一般不会有较大的问题，所以英美文学课堂教学管理设计的目标应该是让学生能真正地投入到课堂活动中来。针对英美文学课堂教学管理，需要考虑以下几个方面：

设计明确的课程教学目标，包括学生应该掌握的知识、技能和态度；确定教学内容，包括文学作品的选取、教学材料的准备等；选择适合的教学方法，如课堂讲解、小组讨论、阅读分析；制定合理的学生评估机制，如作业、考

试、小组项目等，及时给予反馈和指导；营造良好的教学环境，如课堂氛围、互动形式、师生关系等。配备专业的师资力量，保证教学质量和效果。建立完善的课程管理体系，包括课程规划、教学进度安排、教学资源管理等。对学生进行综合管理，包括学习跟进、学生情况反馈、学生支持服务等；考虑其他因素，如课外拓展、课程创新、国际化合作等。综上所述，英美文学课堂教学管理需要全方位、多角度地考虑各项要素，保证教学效果和质量。

美国教学设计专家罗兰（Rowland）认为，教学设计研究和实践存在两种看法，理性的教学设计和创造性的教学设计。理性的教学设计是一种技术过程，由已知的规则、原理和程序所驱动。设计者用标准的信息类型清晰地定义目的、对象，获得一种严谨的“最优化的”设计。这样的设计是逻辑的、理性的和系统的。传统的教学设计采用的是理性的教学设计。创造性的教学设计是由设计者对种种认识的驱动，需要不断地循环。设计者不会运用标准的规则，而是基于在简化教学系统基础的感觉。这个过程是直觉的、创造的。①

建构主义教学设计具有一定的创造性。建构主义英美文学课堂的每一个教学环节，都是动态的、开放的，围绕着学生展开。但是，教师要注意不要忽略自己的引导地位。以学生为中心的课堂设计更能体现教师的管理能力，包括课前的规划、课堂上有步骤地开展每项活动，引导和管理学生的学习过程。作为把控整个课堂教学活动的关键人物，教师的管理水平决定了课堂教学质量，重点体现在以下四个方面：

1. 教学目标的设计

英美文学课程目标设计可以分为学期目标和每节课的课堂目标。根据授课内容可以分为文学史、文学流派、代表作家等。授课时间是确定的，把授课内容和授课时间匹配起来，在一定的时间内完成授课内容，需要合理安排好每一节课。具体到每一节课，教师需要考虑授课内容和授课形式的融合，具体的内容通过什么形式呈现出来，是教师在设计教学目标时需要考虑的内容。即授课内容和授课时间的协调、授课内容与授课形式的协调。

① 朱红．基于多元视角的英美文学研究［M］．长春：吉林出版集团股份有限公司，2019.

教学目标不能脱离基本的教学情况，包括课程安排在哪个学期、学生的语言技能掌握程度、教师的教学能力等方面。如果不能全面考虑、综合安排，那么就有可能会背离教学目标设计的初衷，造成低效、混乱的教学效果。教师应该对教学目标进行有预见的整体把握，除了知识本身，还要考虑到学生的情感、意志、学习能力、学习风格、预习状态等其他因素，确保课堂活动能在教学目标的引领下进行。

2. 教学方法的设计

有了考虑周全的教学目标，用什么样的教学方法去实现目标是接下来要考虑的重点。教学方法决定着课堂教学的效果，一堂课是否成功，学生是否能够满意地离开教室都取决于教学方法。使用科学、合理的教学方法是优秀教师的必备条件，教师在每一个教学环节都要考虑用什么样的方法最科学、最现代、最优化，以提高整体教学水平。

每一节的授课内容不同，教学方法也要随之改变，如在讲授美国浪漫时期的文学时，诗歌和小说要采用不同的教学方法；惠特曼的诗歌和艾米莉迪金森的诗歌也要采用不同的教学方法；教学方法既要根据文学体裁进行调整，也要根据作家风格适当改变。

教学方法的现代化是指在英美文学教学中融入现代科学技术。互联网、短视频等多媒体教学手段可以丰富英美文学教学内容，还能在减少教师授课时间的同时，增加学习的兴趣和主动性。

教师授课是一个动态的过程，会下意识地根据学生的反应调整说话的语速、扩展的程度，以及讲课的激情。学生的反应会影响教师的发挥，教师的授课方法也会影响学生的听课效果。教师要注意自己的教法是否枯燥无趣或者说教味道过重，避免使学生失去学习兴趣或产生抵制情绪。为了达到理想的教学目标，教师在设计教学方法时要注意以下几个方面：①从理论上掌握各种教学知识及其思想背景，深入了解某个教学方法的理论基础，能让教师在上课时更灵活、有效地发挥运用。②根据特定的教学条件选择具体的教学方法，并根据学生的反应，及时调整。③研究教学理论，结合实际情况，把教学理论转化为具体的教学方案。教学方法应是多变的，随着教学目标、内容、环境和师生的不同，采用不同的教学方案。④教学方法应常教常新，每节课有调整，每年有进步、有创新。教无定法。教师不仅要灵活运用教学方法，还要逐渐积累经验，形成自己独特的教学方法。

3. 教学组织形式的设计

全面、细致的课堂教学管理设计需要做出严密的课堂教学组织计划。建构主义英美文学教学模式的教学活动组织形式多样，不仅有以教师的讲授为中心的教学，还有学生的自主探索和小组合作学习。教师和学生的行为因教学内容的变化而变化，教师要对以下教学环节了然于胸。

第一，英美文学教学中的情景创设对教学效果起着很大的影响作用，教师要认识到活动情境的重要性，这是建构主义课堂教学的第一步。在建构主义课堂教学管理中，教师的综合素质是焦点。基于对课文内容的分析，教师应该运用自己独特的教学方法和手段导入课堂，吸引学生的注意力。灵活多样的课堂导入是一节课成功的关键，在课堂教学的开始就和学生建立良好的互动。除了在内容上进行设计，教师还可以利用外在的客观条件，从教室空间及设备的规划，到多媒体设备的使用，再到各种丰富的教学资源引用或回顾真实事件，让学生做好上课的心理准备，在此基础上，学生可以更有效地进入各项任务。

第二，教会学生自主学习的方式多种多样，需要教师有意识地引导，学生有意识地自我监控。从灌输式的讲授转变为启发学生自主探索、主动研究性的学习。比起所讲课文内容，教师更应该关注教学的策略，观察哪种策略更能激发学生的学习兴趣，培养学生掌握质疑、思考和解决问题的方法和能力。学生应转变思维习惯，从接受式的学习变成自主学习。为了达到这种教学效果，教师可以单独一对一地和学生进行谈话，根据学生的个人特征进行启发，效果要远远高于在教室内集体启发。学生还能在单独谈话中感受到教师的关心和信任，更容易拉近师生关系，增加学习的内在动力。

第三，学生在进行任务性活动过程中，需要集体协作。教师在组织开展小组协商、讨论的时候，对学生协作的小组成员要有明确的划分办法，做好小组成员的内部分工，教师对学生的理解越多，分工越合理，教学管理中出现的问题就越少。

在划分小组成员的时候，需要照顾不同学生的学习兴趣，既要考虑教学内容，也要考虑学生的水平差异，根据学生的智能水平差异，针对具体的教学情境，混合分配。在任务进行过程中，教师还要注意时间的管理，教师对教学任务的分配、学生的分组、小组合作效率等灵活开放的教学活动很容易造成课堂教学时间的浪费。这就要求教师做出合理、科学的课堂教学设计。[①]

4. 教学环境的设计

教学环境相对固定，在英美文学课堂上，教学环境包括外在环境和心理环境。可以分为课堂教学时空、教学资源、心理环境等。

第一，设计课堂教学的时候会受制于时间的限制，教师必须在相对固定的课时内组织规划。有效利用课堂时间，保证教学过程顺利进行十分重要。如果课堂时间把握不好，时松时紧，会影响教学活动的完成度和效果，影响课堂教学质量。这要求教师综合考虑教学内容和教学活动的实际需要，还要考虑文学作品的类型、学生的能力水平等要素，采取相应策略维持学生的学习兴趣。

第二，高效利用教学时间也很重要。教师的课堂教学设计应具备科学性、合理性、有效性等特点，还要结合教师的临场发挥水平和教学熟练程度。教师需要非常了解授课内容，精心设计内容的每个环节，同时预设课堂上可能出现的问题。例如，在英美文学课堂上，提问学生阐述文学作品主题的时候，学生回答不出来，或者学生的解读和作者的意图相差太远，教师应该如何讲评呢，类似的突发状况教师应有预案。

教学活动主要发生在教室里，所以教学空间设计主要是对教室的内部设计。舒适的学习空间可以对学生的情绪产生积极的影响，愉悦的状态会减少课堂问题的发生，对良好的课堂秩序和教学氛围起着正向作用。可以挑选有能力的学生设计图画、墙报、文学作品海报等装饰教室。让学生根据自己的艺术品位自主设计，可以凸显教室特色，增强舒适感和主人意识。学生的座位变化也是空间设计的一部分，同桌的变化对学生来说也是空间变化的一环。传统的座位安排是学生和教师面对面，有利于教师更清晰地观察学生的面部表情和行

① 张艺宁．大学英语课堂教学理论与个案研究［M］．北京：国防工业出版社，2010.

动，可以适时调整教学的语气和节奏。

课堂教学资源的设计主要包括使用各种教学资源和教学工具。多样化的教学资源可以丰富教学活动，加上背景知识和相关材料，课堂氛围就会比较活跃。其中，多媒体教学工具的作用最为突出，也使用得最多，在英美文学课堂上的运用也已经较为成熟，甚至出现了教师过于依赖多媒体技术的情况。教师在设计课堂活动时，应考虑多媒体的支撑作用，同时也不忘以教学内容为重点，才能得到比较高效的英美文学课堂教学。

第三，课堂氛围设计。课堂氛围是由教师、学生和教学情境三方面相互作用形成的一种情绪状态。温馨和谐的课堂氛围有利于提高课堂教学效率，有益师生心理健康，拉近师生关系。教师必须利用自身能力创设积极的课堂氛围。好的课堂氛围的基础是对学生的爱和关心，在尊重学生的出发点上才能建立和谐的师生关系和生生关系。教师在情感上得到学生的共鸣时，能更好地激发学生积极的学习主动性。经常与学生进行和谐沟通，尤其是一对一的当面沟通，能取得学生的信任和理解。学生之间的和谐关系也是课堂效率的决定因素，教师要有意识地主动帮助学生形成良好的班级群体氛围。英美文学课堂氛围是班集体在课堂上的情感活动状态，能影响到个体的学习态度、意愿和主动性等方面。教师是课堂氛围的创造者和维护者，如果教师受尊重、威信高，能以自己的积极情感感染学生，让学生期待教师的授课内容，能更好地促进积极课堂效率的提高。

英美文学教学效果取决于教师课堂教学管理的能力，教师应不断提高自己的管理能力，并积极做好课堂问题的预防工作，全面、细致地进行课堂教学设计。

四、打造和谐的建构主义课堂

除了教学环境外在的空间设计，英美文学课堂管理还包括“动态”环节，在教学活动中，需要教师随时纠正教学偏差行为，确保课堂设计顺利进行。课前的问题预设并不能杜绝所有问题，课堂教学中会出现各种各样的情况。学生的状态各不相同，受自身成长环境或家庭因素的影响，学生的行为也多种多样，受到来自家庭、社会或同伴的影响。针对可能出现的问题，教师应随机应变，采取积极、科学的管理方法和策略，把问题变成契机，确保教学秩序正常进行。

教师要对课堂问题行为进行总结整理，根据自己的教学经验和相关理论，把课堂问题分类深入研究。课堂问题可能是违反课堂教学规则、妨碍和干扰课堂教学活动的行为，也可能是学生质疑教师教学内容的行为。国内学者调查显示，中小学课堂上学生的轻度纪律问题占 84%，比较严重的有 14%，非常严重的仅占 2%。有的学者把课堂问题行为分为行为不足、行为过度和行为不适三种。行为不足是指学生缺乏积极、良好的课堂行为；行为过度是学生某类行为过频或过度的出现；行为不适是指学生在课堂上表现出不适应情境的行为。学生在课堂上的问题行为有许多原因，大多是学生自身问题。但是，教师也要有反思的精神，经常自我观察、自我反省，察看自己的失当之处，及时给予修正。教师在处理学生的问题行为时，要分析学生行为的种类、动机、出现的源头及其危害性，采取相应对症的方法给予引导。

从爱和理解的角度处理问题，教师应尽量避免使用惩罚的方法对待学生的问题行为。惩罚虽然非常简单，但是其影响是粗暴的，并且有着难以预料的后续消极结果。惩罚还会给学生的心理留下长期的阴影，更容易摧毁师生间应有的和谐关系。一般来说，课堂上学生的问题行为不会太严重，所以教师在处理问题行为时可以采取最少的干预策略。当学生的行为干扰到正常课堂教学时，教师应尽量降低干扰性，引导学生把问题暂时搁置，课后再具体讨论。如果是学术性质疑或挑战老师的讲解，应对学生的批判性思考行为予以鼓励，但对有争议的内容应放在课后处理，避免影响大部分同学听讲。

针对学生在课堂上的故意违规行为，教师应从社会化的角度教育其如何应对不满情绪。大学是社会化的最后一个准备阶段，要学会正确的表达不满的办法，如课后找老师进行辩论或拿出科研证据挑战老师的知识体系。当老师能够说服学生，学生对教师的不良反应也会随之被改变。会更理解和支持老师，也就更愿意接受老师的课堂教学。

温和的办法没有效果时，教师可以采用正面教育的纠正措施，如辩论、提问、提醒、运用幽默等方法。对学生更严重的行为，教师可以上升为比较强硬的手段，给予直接制止，或使用惩罚性手段对待。以下方法可供老师参考使用：

1. 鼓励学生参与课堂教学管理

在建构主义英美文学课堂上，鼓励学生参与课堂教学管理具有重要意义。参与课堂管理可以增强学生的学习主动性，转变被动接受知识的习惯。学生需要在管理中承担更多的责任，发挥能动性，这有利于自主学习能力的养成。参与课堂管理可以培养学生的组织与管理能力。学生需要策划和组织相关的学习活动，协调不同学生和资源，解决各种突发问题。这些经历对提高其组织与管理能力大有裨益。参与课堂管理需要学生密切合作，发挥团队精神，这可以增进学生之间的合作关系与合作精神。在合作中学生还可以学习与人沟通的技巧和态度。参与课堂管理可以提供机会让学生进行领导和发挥领导才能。这对于培养学生的领导精神和提高自信心很有帮助。教师可以按学生的程度提供不同级别的管理机会。参与课堂管理让学生能够解决实际的管理问题，而不仅停留在理论层面。学生可以在实践中体会知识的运用，理解知识的实际意义，学习解决问题的能力。这也是建构主义强调知识建构的重要途径。

在建构主义英美文学课堂中，鼓励学生参与课堂教学管理，可以增强其学习主动性，提高组织与合作能力，提供领导机会，体验知识运用与解决实际问题。教师需要根据学生的实际情况，提供不同程度和形式的管理机会，引导学生在管理实践中体验与建构知识，成长为自主学习者。这也要求教师转变对课堂的控制，成为课堂学习的引导者和促进者。教师需要信任学生，给予学生足够的自治权，在学习过程中适时提供帮助与指导，帮助学生建构知识与提高自主学习能力。

（1）树立学生课堂教学管理的主体意识。要树立学生课堂教学管理的主体意识，教师可以从以下几个方面进行：教师需要转变自己在课堂中的主导地位，成为学习的引导者和帮助者。给予学生较大的自主权和话语权，信任学生进行管理与组织。这可以让学生感受到自己是课堂学习的主体，对学习过程负有责任。将具体的管理工作和任务分解给不同的学生或学生团队，让学生明确自己在管理中的角色和责任。这可以增强学生的工作意识和主动性，体会自己对课堂学习的影响与贡献。给予学生一定的管理权力，如选择学习内容、制定活动计划、解决突发问题等。让学生在行使管理权力的过程中体会作为管理者的角色与责任。这需要教师给予足够的信任和支持。鼓励学生在管理过程中提出自己的看法和意见。教师需要积极采纳学生的意见，给予正面反馈。这可以让学生感到自己的角色由被管理转为共同管理者，真正成为课堂学习的主体。帮助学生总结在管理实践中获得的经验，提高管理能力和自我效能感。这可以进一步增强学生的主体意识，理解管理工作的意义所在，为进行后续的管理工作积累经验。对学生在管理中的表现给予评价和反馈。这可以让学生理解教师对其管理工作的重视程度，也可以促进其继续提高和改进。教师的评价应体现出对学生主体作用的重视。

要真正树立学生的课堂教学管理主体意识，关键在于教师的教学转变。教师需要转变自己的角色，信任与支持学生，授权学生进行管理，采纳学生的意见，帮助学生总结经验，对其管理表现给予评价。这些举措共同体现并增强了学生在课堂学习中的主体作用，逐步形成课堂管理的主体意识。

学生主体意识的树立是一个渐进的过程。教师需要在教学过程中逐步转变，并引导学生一步一步体会自己在课堂学习中的主体作用。这也是教师实施建构主义教学转换观念的结果。

（2）培养学生的自我监控能力。自我监控能力的培养是一个漫长的过程，需要教师有计划、有步骤地开展。依靠学生的自我反思与实践来真正建立这一重要的学习能力，教师扮演引导与监督的角色，适时给予帮助。培养大学生的自我监控能力是高校教育的重要任务之一。主要可以从以下四个方面进行：

第一，引导学生自我反思，教师可以在课堂教学中引入反思性任务，要求学生对所学知识或学习活动进行自我反思。这可以培养学生养成自我反思的习惯，理解自己的学习情况和存在的问题。设计自评手段，为学生提供自我评价的机会和手段，如学习日志、自我评价表等。这可以使学生在评价的过程中审视自己的学习表现，发现自身的优势和不足，有的放矢地改进。

第二，提出自我调控问题，在学习任务或活动中，教师提出引导学生自我调控的问题，如学习进度是否合理、时间是否安排得当等。这可以引导学生在学习过程中培养自我监控的观念与习惯。教师可以系统介绍和指导不同的学习策略，如时间管理策略、记忆与归纳策略等。这可以为学生自我监控学习提供相应的技能与工具，学会有效管理自己的学习。

第三，制定个人学习计划，教师要求学生设计自己的学习计划或合同，并定期检查实施情况。这可以使学生养成根据自身需求有计划地安排学习的习惯，并定期评价计划的实施与效果。要求学生定期写学习日志或提供学习报告，如每周学习总结等。这既可以使学生倒逼自己总结回顾学习内容与经验，也可以让教师了解学生的学习进展与遇到的问题，对学习过程进行监督与帮助。

第四，在课程设置中提供一定的弹性空间，供学生根据自身需要选择学习内容或方式。这可以给予学生一定的自主权，培养其根据自我需求安排学习的能力。但教师也需要对学生的选择与学习进程进行必要的监督。

培养大学生的自我监控能力需要教师采取多种方式进行引导与监督。通过自我反思、自评手段、学习策略指导、学习计划等，使学生养成自我监控的习惯与意识。教师也需要在学习过程中进行必要的干预，培养学生根据自身需求主动安排与调控学习的能力。这需要教师在教学过程中逐步转变，赋予学生更大的自主权和自我管理能力。

（3）建立学生课堂教学自主管理机制。英美文学教学持续时长最少为一个学期，有效的英美文学课堂教学管理应具有延续性特征。教师应考虑如何让学生在课堂教学过程中长期保持适当的行为模式，并最终内化为自觉行动，实现学生的自我控制、调节和自主管理能力。在建构主义课堂教学中，教师可以利用课堂中的团体互相促进的动力来加强课堂教学监控。

团体动力理论是雷德尔（F. Redl）和瓦腾伯格（W. Wattenberg）提出的，他们认为团体能创造出自己的心理势力，强烈地影响个体的行为，个体的行为方式也会影响团体的行为。学生在英美文学课堂上出现不良行为是因为缺乏自我控制能力。在这种情况下，教师不能采用暴力、强迫和惩罚等粗暴手段对待学生，相反，教师应使用比较温和的手段，帮助学生找回控制自己的能力。例如，使用眼神、摇头等肢体语言来传达制止信息，或者接近违规学生以示警诫或善意的劝阻。要尽量避免采取惩罚的手段，而是创设一定情境，帮助学生形成自我控制的信心和能力。因此，教师不仅要对学生的个别行为和团体行为保持敏锐观察，还应该建立一套维持学生课堂教学秩序的自主管理体系。①

2. 创设和谐的课堂氛围

（1）确保师生互动协调。传统教学模式中，教师和学生的活动基本都是单方面进行的，而建构主义课堂则很重视教师和学生之间的互动。互动有利于提高学习效率，但同时因为互动增加了不稳定因素，也容易造成师生间的行为和活动的不协调。要实现英美文学的建构主义课堂意义，确保较高的课堂教学效率，教师就要设法保持师生间的和谐互动。

在英美文学课堂教学中，师生关系的不协调可能源自于学生对长篇文学作品的厌烦、冷漠或作业过多、压力较大等原因；或者是因为不喜欢授课教师，如教师过于情绪化、对学生期望过高、经常批评指责、讽刺挖苦学生等不应该出现在课堂上的现象。大部分问题都需要教师主动观察并给出解决办法，教师要首先学会情绪自控，不让自己的情绪影响学生。在英美文学课堂教学中，教师要有明确的自我意识，并主动控制自己的课堂言语和行为，尽量不带任何不良情绪进教室。教师的自控意识还要避免权威心理，应把学生放在和自己平等的地位上，尊重和爱护学生。教师在引导学生自主建构英语知识时，把自己的意志强加在学生身上，或者做出一些不当的言行，就会引起学生的抵触心理，造成学生的厌学现象。教师不应该将自己的消极情绪带到课堂上来，也不能被学生的情绪影响，应始终保持稳定、温和的精神状态。同时教师还要对全体学生一视同仁，避免对优等生和差生的差别待遇，否则也会引起学生的反感情绪。总之，教师应规范自己的教学语言和课堂行为，带着爱和尊重踏进教室，和学生快乐地共度每一节课。

在具体的教学活动中，教师还要运用“注意力”规律提高英美文学教学效果。学生注意力涣散的时候教学效果会大打折扣。有效的课堂教学管理应该

① 毛晋华，魏蔡连，丁超峰．外语教学探微——英美文学教学现状与改革研究［M］．长春：东北师范大学出版社，2017.

让学生的注意力集中在教学内容上，这决定了教学成功与否。教师要提高自身的授课水平，保证英美文学教学内容的新颖、有趣，用丰富的内容来吸引学生。要做到这一点，除了深入全面地备课之外，还可以利用网络教学资源，开拓学生的眼界，从多维度、多角度启发学生。同时，教师还要采取灵活多样的教学方法，运用最新的多媒体技术，为学生提供生动形象的影像资料。在教学内容的安排上要重难点突出，节奏得当，确保每个学生都能跟上教师的教学步骤。内容讲解要扎实，呈现形式要有趣。教师做好细节，让学生对教学活动感兴趣，同时在动力上要不断帮助学生确立学习目标、激发他们的学习动机，让学生保持持久的学习热情。争取做到各个教学环节前后连贯、框架突出，提高学生的逻辑思维能力。

（2）营造和谐沟通情境。任何有效的交流都需要双方心理上的互相接纳，愿意聆听彼此。在英美文学课堂上也是如此，教师想要获得学生的注意力，就必须让学生喜欢自己，至少不反感自己。良好的师生关系能增进彼此的了解，在教学中相互学习、师生共同发展。有效的沟通建立在双方平等的基础之上，教师处于师生关系的上位，要谨记以尊重的态度对待每一位同学，唯有此才能获得真正的、高质量的沟通内容。当师生关系真正地实现平等、尊重、和谐的时候，就能激发学生的学习兴趣，提高课堂效率，课堂问题行为也就自然减少了。

另外，师生关系还有赖于学生能否在教师这里得到正向反馈。如果学生的每一次任务和活动都能得到教师的鼓励和支持，让学生感受到有进步和启发，那么学生的主动性就会越来越高，对英美文学课堂和老师的期待也越来越高。

除了授课效果取决于师生关系，课堂教学管理也离不开良好的师生交流基础。教师应该让学生知道，教师不是神圣高不可攀的，也不是刻板印象里难以接近的人，而是一个和学生一样七情六欲皆具的普通人。要让学生不和老师保持太远的距离，教师就应主动关心、接近学生，向学生展示自己生活中的平易近人态度。

建立和谐的师生关系，并通过有效的交流技巧保持这种关系持久存在，跟随学生的思想发展不断了解他们、聆听他们的每一次吐露心声、给予赞美和鼓励，像对待自己的孩子一样对待每一个学生。真诚能战胜一切代沟，只要教师把握好师生交流的基本态度，以平等、尊重的态度对待学生，包容学生的差异和个性，宽容学生的不良行为，给他们成长的机会，就能有效提高教学效果。

3. 实施一元为主、多元为辅的英美文学课堂评价

教学评价的目的是全面、客观、科学地测评教师的教学过程和教学成果，为进一步提高教师的教学水平和改善学生的学习方法提供参考依据，它是教学过程的重要组成部分。随着教学模式的改善，传统的英美文学教学评价方式也应该在理念上和方法上进行升级，以满足学生发展的需求。常见的教学评价方式包括学生评价，通过匿名的问卷调查、小范围访谈等方式，了解学生对教学过程和教师的意见和建议；同行评价，教师之间互相听课并给出真诚的意见；自我评价，教师通过反思、观察和记录的方式对自己的教学进行纵向的评价；成绩评价，通过成绩判断学生掌握的程度，及时调整教学方法。教学评价最好是多元化、个性化的，超越传统教学中以卷面成绩为中心的评价方式，在真实情境下切实考查到学生的真实水平，并据此调整教学方法和内容。

（1）实施多元的课堂教学评价。评价可以有多个不同层面，多角度、多群体的评价能减少评价的片面性，使结果更加准确。学生虽然重要但长期被忽视，这一点应该改变。既然评价的主体是学生，学生就应被放在评价的中心地位。

第一，教学评价的目标是促进学生发展，要从学生本身出发，重视他们的自我评价内容，了解学生的自身发展和过去的成绩来评价其进步情况；重视综合性评价，考虑学生的个体差异，达成评价指标的多元化；更关注知识的迁移与技能提高，刺激学生通过多种方式展开积极交流和思考，学会“如何学习”，实现评价功能的转化；评价要定性和定量相结合，强调学生的参与和师生的互动评价，以及自评和他评相结合，实现学生评价的主体化，既有总结性又有形成性评价。

第二，为了更好地达成教学效果，教师在学期初就应该在英美文学课堂上向学生提出明确的要求。使学生清楚自己面临的学习任务，对时间安排和内容的预习和拓展复习有更好的计划。教师可以通过范例展示、呈现评价方式和教

学目标等方面向学生传达明确的教学期望，使学生自觉地把教师的期望当作引导其学习的参照标准。

第三，教师提前告知学生，他们也要承担部分教学评价任务。把评价的权力分给学生，让他们有话语权，能促进学生更积极主动地学习。这样做既能体现教师对学生的尊重和信任，也能鼓励学生更多地进行沟通交流。教师要共情学生的心理感受并认可学生的评价，帮学生更全面客观地认识自己，发展自己。同样，教师也要真诚接受学生给自己的教学提出的评价，可以向学生说明评价的规则和方法，并指导学生进行评价。学生应当在一定程度上了解或参与制订和使用评价标准，明白评价的初衷和意义，并在评价中学会发现自身的问题，意识到自己的不足进而想办法改善学习方式。同时，也应鼓励学生自评或互评，让学生从同伴那里看到自己的学习效果，对教学的过程和效果进行反思。在教学中逐渐把这些多元的评价方式进行制度化，形成相对稳定的评价体系，并不断完善和更新。

（2）采用以一元为主，多元为辅的评价。目前，我国英语教育课堂教学评价存在的问题很多，集中体现在对问题没有确定的答案，如评价的目的、评价的方法、评价的主体和评价的过程等。最新的基础教育课程改革对教学评价给出了新的界定，要求教学评价应发挥教育功能，教学评价应是发展性的。但是，这些理念离真正落实还有较大的距离，在 时还无法完全践行这些理念时，可以暂时以传统的单一评价为主，将多元化评价理念逐渐加入其中，一元为主，多元为辅，逐渐完善。

第三节　信息化背景下的英美文学多模态教学

科技信息的发展改变了人类的生活方式，也影响了教学模式和方法。许多新的科学技术的出现，尤其是计算机网络的飞速发展，使得信息准确性高、传递快捷及时、表达多样化。英美文学课堂也应与时俱进，使用基于计算机网络的教学模式，改变单一的依赖文本的传统教学模式的局限性，使教学多模态化发展。在多模态化的教学中，学生也能通过多种途径获取知识，从多个角度和层面学习知识、积累经验、运用于实践并不断更新自己的认知。

一、多模态化英美文学教学理论基础

“多模态教学”是新伦敦小组（The New London Group）在1996年提出的术语，指在教学中使用多种制造意义的多媒体符号资源刺激学生的感官感知模态，以达到语言教学目的，从而提高教学效率的新型多媒体教学模式。它倡导借助多种渠道、多种教学手段来调动学生的多种感官协同运作。①

（一）多模态话语分析理论

多模态话语研究的热潮扩散到语篇分析的范围之外，被广泛应用于教学中，丰富了教学模式，提高了教学效果。

第一，在多模态互动教学中，有多种方式使得语言输入更加便利。顾曰国认为，模态是人类通过感官（如视觉、听觉等）跟外部环境（如人、机器、物件、动物等）之间的互动方式，是指交流的渠道和媒介，包括语言、技术、图像、颜色、网络、音乐等符号系统。在多模态教学中，语言输入可以采用多种形式，以满足不同学生的学习需求。教师可以根据教学内容和学生需求进行适当的调整，选择最利于教学效果的方式进行教学。常见的语言输入方式如下：最常见的语言输入方式是书面文字，如教科书、课本、讲义等形式可以提供文字输入。为了帮助学生更好地理解概念和知识点，教师可以利用图片和图表来传达信息。同时，为了帮助学生更好地理解发音和语调，教师可以使用录音材料、音频课件、播客等形式来提供语言输入。为了帮助学生更好地理解有操作需求的实际应用场景和实验过程，视频材料、演示视频、教学录像材料等形式比文字材料更直观。

第二，师生角色发生了变化。传统课堂上教师是主导者和知识的灌输者，而现在则转变成为教学活动的组织者、设计者、指导者和帮助者；学生则从之

① 徐刚．高校英美文学教学理念与模式研究［M］．天津：天津人民出版社，2021.

前的被支配和被动接受知识转变成积极主动的参与、探究和思考型的学习。因为参与了教学活动的过程，学生能被激发出学习的热情和主动性。另外学生从小生活在丰富的网络信息资源世界，习惯了超越时空的学习环境，也利于教师使用网络资源辅助学生的自主学习，实现教学活动的多模态转变。

多模态教学强调了以学生为中心的教学过程，实现了教学主体和客体角色的变化。在创设多渠道和更好的学习环境中为学生提供多层面的信息和知识获取建立新的意义结构。教师应与时俱进，积极利用网络信息技术和最新的教学条件，构建出多模态教学模式，改善传统的教学模式，使学生真正学有所获。

（二）多模态化教学的理论基础

随着时代的发展，现代科技越来越快地应用于学校教学。学生在新媒体时代出生、成长，已经和数字技术融为一体。便捷的数字资源改变了他们对世界的认知和获取知识的方式，教师也应该赶上学生的步伐，在多媒体工具的利用上多加思考。

可利用于课堂的技术手段越来越多，学习这个动作被重新赋予了意义。多模态教学方法增加了文本教学的不同方式，利用语言、音频、视频等方法为学生提供不同的学习路径和手段。

多模态话语理论基本兴起于20世纪末期，主要以社会符号学（social semiotics）为主要视角，以系统功能语言为理论基础，在多模态话语分析理论下，语篇的每一个语言模态和非语言模态，都具备完整的话语意义，而整个语篇的主要目标，就是通过这些模态共同协作进行表述。

在英美文学教学中，教师可以根据客观条件积极创新，将教材、文学作品、互联网音频和视频相结合，建构出融合文字、动态视频、色彩、声音和图片的多模态组合。互联网的普及，为英美文学的多模态化教学提供了充足的条件。

二、信息时代多模态教学模式的意义

多模态教学模式引导学生同时使用多种感官，全方位、多层次地体验教学活动。改变单一的教学方法，在多媒体辅助技术下，激发学生的学习兴趣，提高学习效果。它强调教师的积极创新，没有固定模式，根据学生的状态因材施教、量身定做，针对性地为特定学生群体设计课堂活动。

多模态教学可以改善学生的学习环境和学习模式，在英美文学课程中，大多数常见授课模式是以文本阅读为主，老师讲解相关理论知识，学生聆听教师的阐释分析。相对来说，比较枯燥。英美文学课常常只有一个学期的学习，时间短、内容多，老师主讲的模式容易让学生陷入疲劳。多模态教学可以为学生提供多种形式的教学活动，有助于改善课堂氛围，让学生更能抓住重点。

多模态教学能够提升教学质量，教师的创新思路和精益求精的精神会有助于提升课堂教学质量。在备课的过程中，教师为了查找合适的资料，会搜索更多的资源，对课程内容也会有更深入、更全面地掌握。多模态教学对于年龄比较大、接受新事物比较慢的老师来说是个挑战，但同时也是一种促进，促使他们跟上时代和科技发展的步伐，与时俱进。

三、构建和实践英美文学多模态教学模式

（一）构建英美文学多模态教学模式

英美文学课的作品具有丰富的情节发展，多样的人物形象。只使用单一的传统教学模式，以课本为主，课堂靠老师的讲解为主，学生听讲、记笔记，很容易陷入比较沉闷的模式。没有能充分结合文学课的独特之处，教师可以利用网络技术，使用电影、短视频的方式再现作品引人入胜的情节，帮助学生更好地赏析文本。

在多模态英美文学教学模式中，从文字、视频、声音等多种维度出发，既考虑网络资源的利用，又能结合文学课的内容特征。文本教学应为主体，视频和声音为辅助，补充文字的不足之处，但不能喧宾夺主。纯文本学习容易枯燥，纯视频学习容易流失文化内容，二者如何有效结合是教师应该考虑的问题。

（二）英美文学多模态教学实践模式

1. 搭建支架，拓展知识层面

所谓支架，即是用学习者已有的知识和经验储备，形成对问题处理的

“先理解”能力。英美文学教学应重视学生的学习经验，把他们现有的知识储备作为学习新知识的基础。在教学中，教师应运用各种手段唤醒学生先前的知识储备，激活他们联结新旧知识的能力。

英美文学课的开设时间大多在第五个学期，即大三，学生经过两年的基础英语技能训练，已经掌握了相对来说较为充分的单词量和听说读写译的能力，有助于学生开启长篇文学作品的阅读和赏析。这也是支架式教学的一个设计部分。在涉及具体的某个文学流派时，应注意支架的阶梯式搭建，应按照它发展的逻辑顺序，从兴起的缘由、现象、过程、结果、代表人物、本质、意义等由浅入深、由表及里，完成一个系统的讲解。以符合学生的学习规律，也能逐步把学生引入学习的过程中，用启发讨论的方式培养他们独立思考问题的能力，不仅理解了内容，还学习了分析和思考的过程。

教学本身是可以按照一定的支架规律进行的，学生的输出也可以采用支架式进行，如英文的议论文和说明文都有一定的框架结构，把规律教给学生，至少文章的结构是不会错的。

2. 创设真实情景，协作学习，提高思辨能力

英美文学知识含量大、文本长、单词多，不少学生在学习的过程中会产生畏惧心理，怕读、怕写的情况。另外，教学方式也存在着不恰当的地方，教师常常在课堂上占据主讲地位，学生处于被动听讲和做练习的角色。这些不利于英美文学的教学效果，教师应在英美文学教学中进行创设情景性教学尝试。虽然文学作品内容比较复杂，历史背景多样，但这并不意味着不能创设，授课教师还是应该积极思考，尽量多地丰富自己的课堂教学模式。

首先，师生互动要增强，课堂氛围和谐的时候，更利于课堂知识的传授。其次，加强师生沟通，拉近师生距离，让学生从心理上接纳老师。最后，还可以利用文学作品的特点，从增加学生对英美文化背景知识的了解入手，利用相关的英语纪录片、英文电影等手段，帮助学生从更深层次的角度理解文本，提高阅读能力。

例如，在讲解清教主义逃避宗教迫害时，可以补充英国的宗教改革历史。从亨利八世国王的离婚事件讲起，他为了和凯瑟琳离婚，和罗马天主教决裂，

建立了英国国教，天主教徒被迫害、屠杀，大批宗教人士逃离英国。到他的女儿玛丽继承王位后，又恢复天主教，杀戮新教人士。这段历史有助于学生理解美国文学中清教主义的巨大影响力。类似这样的历史背景知识，可以用短视频的形式，也可以用绘声绘色的讲解，增强学生对英美文学的兴趣。

3. 组织好第二课堂，培养学生的文学兴趣

第二课堂是英美文学课堂教学的延伸，和课程教学密不可分。教师应不断研究探索新的第二课堂的教学方法，增加第二课堂的活动和课时，以开拓学生的视野，增长见识，培养学生的创新精神和实践能力，有助于学生更好地掌握课内所学的知识。

第二课堂益处多多。如丰富多彩的专题讲座、学术讨论、莎士比亚戏剧表演、英语角、各种大型的演讲比赛、辩论赛、阅读大赛等都是第二课堂的一部分。学生可以在第二课堂中展开合作性的学习活动，如小组讨论、头脑风暴、团队竞赛、游戏竞争等方式。英美文学第二活动还有一些独具特色的写作小组、戏剧社团等形式，可以锻炼学生的交流合作能力，培养学生的创作表达能力。

教师可以组织学生坚持长期的第二课堂计划，如写作小组可以专注于作品创作，模仿经典文学作品产出诗歌、小说、戏剧文本。小组成员定期交流创作经验，互相修改文本，把作品装订成册，在班级和院系之间流通供其他同学阅读赏析。也可以向报纸、杂志投稿发表，成为学生的成果之一。

戏剧小组可以进行名剧改编、排练，面向其他学生演出，参与学校的艺术节、大型文艺活动，在此过程中可以让参与的学生加深对作品的理解，也能锻炼表演能力，增强协作、交流的能力，从而增加自信心，能够好地完成课堂学习。研究小组可以聚焦在某个作家或流派上进行深入研究，阅读相关文献，重读经典，并定期展示自己的研究进程和成果，为以后的科研之路奠定基础。

第二课堂还可以利用网络平台，如微博、公众号等软件进行成果展示和活动记录，也是大家交流的平台。在丰富多彩的第二课堂为辅助的情况下，英美文学课堂教学将会事半功倍。

4. 借助文学名著改编电影，实施多模态教学

英美文学课的目标是培养学生的人文精神，让学生具备良好的文化修养，

在学习语言的基础上，增强对文学作品的敏锐理解力和对现实的观察反思能力。但是现实中英美文学的教学呈现出效果不够理想的状态，在教学方法上还不适应信息时代的特征。

使用由经典文学作品改编成的电影教学可以让学生更感性地、更直观地理解作者想要表达的信息，降低教学的难度，激发学生的学习兴趣，丰富课堂内容，较好地辅助英美文学教学。使用动态、声音、视频等方式教学还可以调动学生的多感官注意力，加深理解。英美文学和英语影片虽然是不同的艺术形式，但是也存在着不少共同之处。电影的技术是多模态的，具有多重形象，观看起来具有直接性和即时性，能在放映的当下以强大的力量吸引观众的注意力，但是观众同时也失去了思考的时间和深度。当画面一个接一个迎面扑来时，观众只处于接受状态而无暇思考。但纸质版的文学作品却能给读者无限的时间思考，也能让读者对内容进行无限的想象和创造，但即便如此，却没有影视版本的绚丽多彩。

因此，同一作品的纸质版本和视频版本应该相辅相成，结合使用，通过各自的独特方式，共同建构一堂丰富的英美文学课程。从功能上讲，文学文本和电影改编版本各自有着对方不能替代的功能，如何合理地利用二者为课堂服务，是教师在设计课堂流程和方案时应多加注意的问题。

英美文学采用多模态教学有着现实基础与理论基础。英美文学教学包括文学史、文学理论、作家介绍和作品赏析等内容。在每一个环节都可以借助精美的小视频和慕课资料，丰富教师的课堂教学。线上资源的丰富大大增强了教师备课的材料选择，也能带给学生不一样的课堂体验。另外，经典文学作品还有不少被改编成电视、电影，影视节目也是可以节选部分片段，在课堂上帮助学生理解掌握相关内容的。

关于文学史和文学流派，教师可以借助 BBC 的采访纪录片，有非常完整的研究材料。关于作家和作品，教师可以参考科研文献，有非常多的相关论文研究成果，如果英美文学教师能够在备课上多花费更多的时间和精力，课堂呈现将会深刻而全面。

现代课堂除了具备多模态教学的客观条件，从学生的角度来看也是欢迎和接受多样化教学手段的。学生对现代科技手段的应用和熟知，已让他们适应并期待课堂上老师有可能采用的各种手段，传统的 PPT 翻页显示内容的模式已经显得过于单一了。

5. 完善考核方式，提高测试信度与效度

英美文学课考核的方式和其他课程应略有不同，检验学生学习效果的方式在有效性上更难把握，需要考虑能否真实可靠地测试出每个学生的掌握程度、参与活动的质量、对文学的掌握和输出质量。

在平时的授课过程中，教师也应保留课堂评估的情况，在某校英美文学教学中，采用平时分数占 50%，期末卷面分数占 50%。平时的成绩有一个重要的组成部分是学期作品赏析写作，让学生自主选择一部作品，按照授课所讲的 6 个文学赏析角度，选择一个适合与作品结合的角度，写出自己的理解。这可以看出学生的赏析能力、阅读能力、语言表达能力等各方面能力。主要体现在课堂参与质量，如 Presentation 的准备、制作及展示，课堂回答问题展现的掌握程度，课后作业的完成情况等按照一定的比例得出可靠的评价和分数。

期末卷面考试涵盖的内容包含主观题和客观题，以某校的期末考试为例，主观题占 60%左右，有材料分析，根据节选出的诗歌或小说片段考察学生的作品赏析能力；有作家或流派综述，考查学生对文学理论和作家风格的了解。客观题有作家和作品的连线，考查学生对知名作家及其作品的掌握范围；有选择题，难度增加体现在考察的内容是深入到作家的写作风格和所属流派，文学运动的时代背景等；还有术语解释，针对比较重要的文学理论和流派考察学生理解术语的清晰度。

英美文学的测试方式也反映了多模态话语分析理论的测评特征，让学生不以期末考试为导向，依赖考前突击背诵的方式得分。而是把掌握知识和积极参与教师组织的各项学习活动，在平时的学习中积累自己的最终成绩。

四、多模态教学模式的反思

多模态教学是相对于传统的单模态教学而言的，在单一的教材文字之外加上了现代科技的使用，包括图片、视频、音频、小程序等多样化的资源利用。

既有多样化的语言模态，也有先进、便捷的非语言模态。非语言模态可以分为视觉、体态、空间、听觉等各类小的模态。

数字化信息时代，多模态教学是利用时代、科技发展的红利，采用电影、微信、微博、雨课堂、智慧树、学习通等工具和小程序，有效辅助课堂教学。英语课堂使用多模态教学，也是社会发展在教学中的反映，是学校教育紧跟时代的表现。多模态可以较好地弥补传统课堂的单一和枯燥，激发学生对学习的兴趣，帮助学生加深对文本的理解。

新的教学模式对师生提出了新的挑战和要求，教师需要转变教学理念，与时俱进，跟上计算机新技术和多媒体教学工具的更新。及时学习应用新技术的能力，把信息技术和教学内容结合起来，激活课堂氛围，提高教学效果。教师如果能既博学、敬业，又能紧跟时代发展，走在学生的前面，对吸引学生是很大的优势，因而能拉近和学生的距离，提高学生的学习效果。

对学生来说，多样化的教学模式需要更多的任务性活动，更多的小组讨论、集体作业。学生应及时调整学习态度和预期，积极地参与到各项活动中，由被动接受指导转变为主动参与。

第四节 英美文学教学改革研究

随着教育改革的发展，教学工作得到优化。几十年来，“英美文学”课程已经成为中国外语教学中占有重要地位的课程，对学生的英语学习能力带来了极大的好处。通过对文学作品的阅读和分析，对中外文化差异的思考和讨论，可以进一步提高英语学习者的思维能力、敏锐的观察能力、对中外文化异同的理解，培养他们的综合语言素质。然而，随着经济的快速发展，英美文学的传统文化课程面临诸多挑战。

一、英美文学课程教学现状

随着文化全球化的发展，中国的英语教育现状有了很大的突破，在许多方面取得了显著的进步，但全球化也对人类的文明和艺术，对英美文学的传统课程产生了重大影响。主要从以下五点得以体现：

（一）对课程的重视程度不高

随着经济的快速发展和工作生活的压力，学生们越来越注重实用的英语课程，如商务英语、贸易英语和旅游英语，英美文学课程在英语学习中的重要性逐渐被淡化。另外，英美文学课程在许多院校被作为选修课开设，在课时上大大被压缩了，而且通常被列入后一年的课程计划。英语文学包含了许多深奥难懂的内容，课时少，学生难以系统地深入接触，教师也难以在规定的时间内实现教学目标，因此学生很难通过英语文学课程培养与学习和英语相关的基本素养的能力。

（二）师资力量薄弱

一些学校领导对英美文学课程不重视，难以全面考虑。因此，许多英美文学课程的教师是聘请外籍教师或抽调其他任课教师，甚至包括兼职教师。这些教师没有长期大量的阅读为基础，本身对文学的敏感度和赏析能力就不足，不能驾驭好文学课堂，无法在短暂的一两个学期中为学生引入丰富的文学内容。教师还没有摸索出成熟的教学经验，学期就结束了，学生也不能系统地掌握英美文学知识，导致教学效果低下，对师生都是一种时间和精力的浪费。专业的工作应当有专业的人来承担，文学课就应该由专职的文学教师来教，不但要做好课堂教学，还要增加课后的文学科研，才能真正地提高这个学科的教学水平，使英美文学课程发挥出它固有的重要作用。

（三）教学模式僵化

由于英美文学课内容丰富，包含大量的作家、作品、文学流派、文学批评，但大学课程设置一般给英美文学的学分和学期时长都较少。常见的是英国文学一个学期、美国文学一个学期，要在一个学期内学完一个国家的文学作品和相关知识，可想而知任务量非常巨大。这大大压缩了教师创新教学模式的发挥空间，只能在有限的时间里尽量提高教学的内容，既要向学生介绍相关的英美文学史，又要赏析文学作品，还要探讨时代背景对文学的影响及介绍文学批评流派。同时又要以文本赏析为主，引导学生对文本进行细读，教会学生赏析作品的方法。这种忙碌的教学模式剥夺了学生在课堂上和老师的互动以及对文学作品的理解和评价，扼杀了他们独立学习的意愿，并限制了创造性思维的发展。这种传统的一言堂的教学方法使学生处于被动地位，与新课程要求的以学生为中心的教学模式完全不相容。针对这一问题笔者认为，教师需要通过提问和讨论问题来充分调动学生的积极性，以扭转教师的鸭嘴式教学方法。①

（四）缺乏教育内容

一些教师误解了文学教学的基本方向。在英美文学课上，很多时间是在逐字逐句地分析作品，用阅读的方式讲述作品的故事。这个问题的核心是，文学课被狭隘地理解为普通阅读课或变相的精读课，很少关注文学的审美价值的培养。文学教育的真正目的是培养学生的审美价值，拓宽学生的视野，丰富学生的文化知识，提高学生的语言能力，开发学生的潜能。作为英美文学的教师，我们应该正确认识文学教育的方向和重要性，这样才能有效地进行教学。

（五）教材选择不当

现在，很多高校使用的文学教科书没有打破传统的教科书的编写模式，即按时间顺序进行编写。虽然一些早期作品被放在教科书的开头，但这些早期作品中的知识和语言由于年代较久远，对学生来说比较晦涩难懂。这不可避免地使刚接触文学的学生感到不满意，大大降低了他们学习文学的积极性和兴趣。在编写和审查供英语学习者使用的教科书时，有必要将理论和实践、语言和学科知识结合起来，按照从易到难的认知规律，认真选择教材。有可能的话，我们要放弃一些难度大、生词较多或篇幅过长的文学作品，多选择一些现当代经典文学作品，这样也许会更加合适。

二、英美文学课程改革的重要性

2000 年，教育部批准实施的《高等学校英语专业英语教学大纲》规定，英美文学成为必修课，文学教学的目标以促进学生阅读、欣赏和理解英美文学原著为主，同时掌握基础的文学批评知识和方法；通过加深学生的知识结构来

① 倪楠．全球化语境下英美文学与英语教学的交融研究［M］．长春：吉林出版集团股份有限公司，2021.

提高学生的思维能力。英美文学教学课程应选取质量较高的英美文学作品进行阅读和赏析，通过文学作品的学习促进学生的基本语言和人文能力的发展，加深他们对西方文学和文化的理解。这一指导原则指出，该课程不仅是学习英美文学，还包括发展基本的语言技能和文化能力及敏感性。

（一）基于英美文学的课程目标来看

英美文学课的开设目标是通过阅读、欣赏和理解英文原版文学作品，了解英美文学的发展历史，熟悉各个时期的文学流派、主要作家。通过细读文本增强语言应用能力，感受文学语言的美和作品中的人文知识，体验作者传达出的对人生的理解。通过阅读文学作品，学生可以提高鉴赏、审美能力，增加社会认知，启发自我意识和创作意识。同时，文学阅读也可以帮助学生提高自我反思和文化判断能力。文学作品中也包含社会文化，通过英美文学作品了解英美文化，可以帮助学生加深对英美经济、政治、宗教和文化的理解，并拓宽个人视野。

（二）基于社会及学生个人需求的实用性

随着经济和文化的全球化发展，社会对具有多种才能的人才的需求逐渐提高，市场对只会外语的人才需求逐步递减。一方面，英美文学课程可以提高学生的英语水平，增强学生的听、说、读、写和语言表达能力，为今后就业打下基础。另一方面，英美文学课程也可以增强他们的文化和文学意识。通过对英美文学的学习，学生可以增加对其他文化的认识，提高他们在职场上的竞争力。

三、英美文学课程改革的建议

（一）加强英美文学学科建设与发展

第一，要建立完善的领导机构。人才队伍建设是英美文学学科建设的一个重要环节。目前，从我国英美文学领域的建设情况看，人才队伍中存在着缺乏高级人才的问题。英美文学教学方面普遍缺乏高端的学科带头人，导致教学和国内外科研前沿时常脱节，只专注于教材而忽视了文学理论和文学教学的研究问题。加强科技创新机制建设，创造适合高层次人才集聚的制度环境。此外，青年教师的素质也需要提高。青年教师的知识匮乏是高校难以建设高素质专业教师队伍的主要原因。青年教师的现场培训、校外培训、国外在职培训、相关硕士和博士课程的在职或校外学习是解决这些问题的手段。

第二，必须制定一个好的计划。为了建设好英美文学学科，必须组建由学科带头人、骨干教师、课题负责人组成的学科组。学科带头人在学科组的组建中起着重要作用。学科带头人是学科教学和学术研究的带头人，有丰富的教学和研究经验，时刻关注新课程改革的进程，形成强大的团队，是学术研究的核心。课题负责人可以在科研中起到重要的承上启下、指导和引领作用。舞台上的骨干力量和英美文学建设的最重要力量，是处于关键岗位的各类教师和学者，他们理论水平高、道德水平高、思想活跃，是一个创造性的群体，是发展和培养初级学者的最重要力量。此外，一个成熟的、优秀的课题组必须包括一定比例的青年教师，他们是课题组建设的重要资源。充满活力、积极进取的青年教师在学科发展中起着非常重要的作用，他们的素质和潜力发挥到什么程度，关系到学科队伍的未来前景。

第三，任务和目标也很明确。英美文学建设的任务是建设一支具有全面知识体系的优秀英美文学教师队伍，促进国家人才支柱的高质量和全面发展。正如邓小平同志在教育理论中精辟指出的，教师在教育中起着重要作用。教师必须根据社会需要，充分发挥作用，培养人的心、德、智、体全面发展。英语文学教师不仅要受过良好的英语教学培训，还必须具备个性化的教学能力。这就要求教师的多方面素质得到充分的发挥。在教学过程中，教师必须发现学生的兴趣和个性特征，并以此为基础，运用有针对性的教学方法，激发学生的学习兴趣和创造力，引导学生有目的、有计划、有组织地掌握科学文化知识。同时，教师必须意识到自己的优势，并将其巧妙地运用到教学中，以获得最大的教学成果，激发工作热情。教师必须具备丰富的知识，紧跟本学科和社会的最新发展，了解新的思想和观点，站在本学科的最前沿，吸收最新的教学成果，并创造性地将其融入教学，以提高课程的整体质量。

第四，教师的科研也对教学有促进作用。英美文学教师进行文学作品赏析研究或文学理论研究能够横向拓展阅读的广度和深度，对课堂教学的质量起着有效推动作用。同时教学实践也对教师的科研起到实践检验的作用，并提供研究资料。以研促学，以学促研，双向结合、相辅相成。不应该认为教育和科研不能同步进行，我们必须坚持把两者有机地结合起来，相互补充，相互促进。我们不仅要有教育水平，还要有科研水平，以科研促教育。教师不仅要提高学生的学习能力，更要激发学生自己确立研究方向，培养研究兴趣。

（二）现代教育手段与人才培养

随着教育改革的深入，多媒体技术在教育中的应用是高等教育发展的必然趋势之一。由于英美文学原本就包含着大量的信息，具有很强的理论色彩，而且很多文学名著都是被多次搬上了大荧幕的，所以在很多文学课上使用多媒体教育是非常必要的。这样可以通过扩大课堂容量，加强教育内容，提高教学效率，调动学生学习英美文学的积极性，促进教学质量的迅速提高。

教学实践中要订阅专业期刊，浏览文学网站的网页，记录外国文学的动态和文学理论的发展，对各种信息进行分类、整理、提炼，准确记录和分析教学目标和内容，全面准备和设计信息源。

在课堂上，我们根据需要提供背景资料和文学知识，播放著名的影视作品和片段，创设问题，介绍著名作家的观点和评论，引导学生课后在网上搜索相关资料，并利用思考题来深化学习。

笔者认为，在创建多媒体文学课程时需要遵守以下原则：

1. 以学生为中心的原则

课堂必须有针对性地设计，使学生能够接受和积极参与。学生不应该被当作图像和文字的被动接受者，从而抑制了他们吸收知识的积极性和创造性。教学材料设计的原则应充分挖掘学习者的自主性、积极性、创造性和个人的主体性，旨在使学习者成为具体教育活动的积极参与者，成为学习的主人。

2. 增强互动的原则

文学课如何互动？在赏析作品的主题时，可以让学生分组讨论，每个学生提出自己印象最深的点，大家一起讨论作品是如何引导读者得出了这样的感受，有哪些线索和细节，哪些写作技巧和伏笔。文学作品的六个主要因素（背景、人物、情节、主题、视角、风格）都可以先由学生进行讨论，在互动中弄清楚小说的方方面面。在学生之间的互动基础上，教师进行指导和归纳，引导式进行师生互动，避免满堂灌式的填鸭教学。也可以充分利用各种学习软件发起对学习内容的介绍和任务讨论，也便于让教师或学生对学习过程和结果进行总结和评价，以达到最大的互动频率，增强教学效果。

3. 科学指导的原则

教师在制作多媒体学习课件的时候，既要以理论为指导，又要将先进技术与教学实际情况相结合，根据英美文学学科的特点，突出重点和难点，根据教学目标，考虑学习者的认知规律。掌握了逻辑和组织的教师，就能达到事半功倍的效果，使学生能够直观、形象、系统、深入地理解和掌握文学知识。

4. 强化艺术性的原则

英美文学课堂应带有艺术色彩，在授课的过程中展现出教师本人的个人魅力和艺术修养。教师本人应有大量的阅读基础，对文学作品赏析时能出口成章、旁征博引，对学生也能起到启发和促动他们阅读的兴趣。另外，对教材的选用也应符合艺术性，选取精心设计的高质量的教材。在课件的制作上也是如此，可以广泛运用多种媒体，设计一些具有独特的个性、简洁的文字、优美的图像、动人的声音和插图，可以使学生在学习文学作品时获得审美愉悦和享受，调动他们的积极性，提高他们对文学作品的理解能力和分析能力。

为了使英美文学教学适应新时期外语人才的需要，高校应在全面理解学科意义的基础上，重新思考和认识传统的教学方法，加强英美文学学科的结构，进行一系列的改革，形成优秀的学科水平。教师要不断完善教学理念，更新教学思路，改进教学行为，在教学实践中不断探索、研究、反思，有意义地运用现代教学技术，切实提高学生的学习自主性，激发学生的学习潜能，促进学生的全面发展，满足新形势下对外语人才的需求。

事实证明，在多媒体和互联网的帮助下，可以获得有效的客观资源，学生对外部资源的利用更加广泛和深入，自主学习的质量和能动性越来越高，相应地减少了对教师的依赖性。同时，与传统教育相比，教师和学生的地位也发生了一定的变化，从单纯的教师角色转变为师生互动，要求教师和学生都要积极主动。由于教师的地位已经从知识的唯一传播者和中介者转变为小组合作者、信息资源开发的指导者和学生的学术顾问，而学生则成为信息处理的主体和主动建构者，因此，教师和学生都必须更积极地提高学习效率，取得更理想的课堂效果他们必须更努力地工作，以达到预期的效果。

（三）教学评价综合系统

给学生进行评分是教学过程中的一个重要部分，在评估和评价学生学习情况时，应和其他课程有所不同。因为文学课的创作性和艺术性，评价学生作业输出和设计考试内容时，不能只注重语言的质量，还要采用综合的评价方式。在普通课程常见的课堂表现、课后练习等之外，教师还可以让学生进行阅读赏析作为学期论文，如写一篇 2000 字的阅读报告。文学课的成绩应反映出学生的阅读量和赏析能力，以及对文学作品的敏感度。并且允许学生在课堂上交换作业、互相评价和自我评价，以拓宽他们的视野，加强他们的责任感。

随着教学方法的不断改进，学生主动学习的意识明显增强，学习效果也比较好，英美文学的学习进入了一个良好的循环。但在实际教学中，仍存在许多问题，如学生教学时因缺乏水平而导致知识深化的障碍。教师要根据班级差异进行教学，灵活掌握，以达到更好的效果。换句话说，在英美文学教学中采取多方位的方法，广泛使用各种方法和手段，可以产生比较满意的效果，使学生真正学到东西。

参考文献

[1] 邓婧．英语课堂教学与思维创新［M］．延吉：延边大学出版社，2017.

[2] 杜瑞清．英美文学与英语教学［M］．上海：上海外语教育出版社，2004.

[3] 段晓霞．英美文学意义与人文思想研究［M］．长春：吉林出版集团股份有限公司，2018.

[4] 高红梅，管艳郡，朱荣萍．高校英语教学创新性研究［M］．长春：吉林人民出版社，2021.

[5] 郭静．跨文化视域下的英美文学研究［M］．长春：吉林大学出版社，2021.

[6] 郭岩．大学英语课堂教学研究［M］．北京：光明日报出版社，2016.

[7] 郭英剑，吴泽庆，王凯．全球化语境下的英美文学教学［M］．北京：中央民族大学出版社，2018.

[8] 何冰，陈雪莲，王慧娟．语言学应用与英语课堂教学研究［M］．郑州：黄河水利出版社，2020.

[9] 何少庆．英语教学策略理论与实践运用［M］．杭州：浙江大学出版社，2010.

[10] 黄心群．文学理论与英美文学教学研究［M］．北京：北京工业大

学出版社，2018.

［11］孔丽芳．大学英语课堂教学艺术与应用实践［M］．北京：九州出版社，2018.

［12］李莉．大学英语口语教学与课堂会话分析［M］．北京：中国商务出版社，2016.

［13］李焱．大学英语课堂教学的理论与实践探索［M］．北京：光明日报出版社，2018.

［14］连良鹏．优化英语课堂教学探究［M］．长春：吉林人民出版社，2017.

［15］刘浩．大学英语实践课程教程文化拓展篇［M］．西安：西安交通大学出版社，2016.

［16］刘媛．新时代高校英语教学研究［M］．北京：北京工业大学出版社，2019.

［17］吕飞飞．对英语课堂教学交互活动的认识与思考［J］．西安外国语学院学报，2006（01）.

［18］毛晋华，魏蔡连，丁超峰．外语教学探微——英美文学教学现状与改革研究［M］．长春：东北师范大学出版社，2017.

［19］倪楠．全球化语境下英美文学与英语教学的交融研究［M］．长春：吉林出版集团股份有限公司，2021.

［20］施春红．着眼能力取向优化英语课堂教学［J］．教育，2017（38）.

［21］王可．生态理念下高校英语教学发展方向研究［J］．黑龙江高教研究，2016（11）.

［22］王宁．英语课堂教学的有效性［J］．散文百家（下），2016（4）.

［23］王霞．文化视阈下英美文学与教学研究［M］．长春：吉林大学出版社，2020.

［24］吴玲．英语课堂教学中跨文化解读的困境与对策［J］．教学与管理（理论版），2017（7）.

［25］席娟芳．大学英语教学改革与大学英语教学语言改善［J］．课外语文（上），2017（3）．

［26］徐刚．高校英美文学教学理念与模式研究［M］．天津：天津人民出版社，2021.

［27］杨海娟．高校英语课堂教学改革与大学生交际能力培养［M］．长春：吉林出版集团股份有限公司，2019.

［28］杨鲁新，裘晨晖．反思性英语课堂教学理论与实践［M］．北京：外语教学与研究出版社，2016.

［29］杨雪静．高校英语教学模式创新研究［M］．长春：吉林人民出版社，2019.

［30］尤广宇．情绪与英语课堂教学的关系［J］．知识经济，2017（15）．

［31］尤丽娜．落实英语课堂教学［J］．中外交流，2016（30）．

［32］郁杨．浅谈大学英语课堂教学管理［J］．中国商界（上半月），2010（12）．

［33］曾小珊．大学英语课程实施中的教师隐性课程研究［M］．成都：西南交通大学出版社，2016.

［34］张喜华，郭平建．信息化背景下大学英语教学改革研究［M］．北京：北京交通大学出版社，2017.

［35］张晓平．英美文学教学研究［M］．长春：吉林人民出版社，2019.

［36］张业春．英美文学与教学研究［M］．北京：中国纺织出版社，2018.

［37］张艺宁．大学英语课堂教学理论与个案研究［M］．北京：国防工业出版社，2010.

［38］赵慧晖．英语课堂教学导入法［J］．河北教育（教学版），2017（4）．

［39］赵婴，林立．英语教师课堂教学基本技能［M］．北京：北京师范大学出版社，2017.

［40］周奋．大学英语课堂教学研究［M］．长春：吉林人民出版社，2020.

［41］周仲强．试论大学英语课堂教学管理［J］．高等教育与学术研究，2006（1）．

［42］朱红．基于多元视角的英美文学研究［M］．长春：吉林出版集团股份有限公司，2019.

［43］朱晓萍．英美文学的语言审美与艺术研究［M］．北京：北京工业大学出版社，2020.